淘宝文案
让买家对你的宝贝欲罢不能

墨语 编著

电子工业出版社
Publishing House of Electronics Industry
北京·BEIJING

内 容 简 介

本书以讲解淘宝文案实操为主,深度剖析淘宝文案的常见错误类型、店铺名称取名规则、店铺主页文案的撰写方法,以及宝贝关键词的提取方法、宝贝标题的撰写思路和不同行业淘宝文案的侧重点,帮助广大淘宝卖家快速熟络淘宝文案的撰写方法,让购买者在无形之中更多地搜索到店铺/宝贝、浏览店铺、记住店铺,让文案更具辨识度和吸金力。同时,本书还可以帮助卖家通过调整文案的方法,让购买者在浏览店铺的第一时间对店铺目前正在发布的活动了然于胸。

本书实用性强,既是新手卖家与淘宝文案的入门宝典,又是淘宝资深卖家的参考借鉴用书。可以在一定程度上帮助淘宝卖家快速认清自身淘宝店铺所面临的文案误区,解决常见的关键词不匹配、搜索量小等问题。让卖家在淘宝店铺火爆的新时代环境下,依旧泰然自若地把店铺经营得风生水起。

未经许可,不得以任何方式复制或抄袭本书之部分或全部内容。
版权所有,侵权必究。

图书在版编目(CIP)数据

淘宝文案:让买家对你的宝贝欲罢不能 / 墨语编著. —北京:电子工业出版社,2018.1
ISBN 978-7-121-33361-3

Ⅰ.①淘… Ⅱ.①墨… Ⅲ.①电子商务—网络营销 Ⅳ.①F713.365.2

中国版本图书馆 CIP 数据核字(2017)第 321893 号

策划编辑:张月萍
责任编辑:牛　勇
特约编辑:顾慧芳
印　　刷:北京捷迅佳彩印刷有限公司
装　　订:北京捷迅佳彩印刷有限公司
出版发行:电子工业出版社
　　　　　北京市海淀区万寿路 173 信箱　　　邮编:100036
开　　本:720×1000　1/16　印张:14.5　字数:232 千字
版　　次:2018 年 1 月第 1 版
印　　次:2025 年 1 月第 11 次印刷
定　　价:45.00 元

凡所购买电子工业出版社图书有缺损问题,请向购买书店调换。若书店售缺,请与本社发行部联系,联系及邮购电话:(010)88254888,88258888。
质量投诉请发邮件至 zlts@phei.com.cn,盗版侵权举报请发邮件至 dbqq@phei.com.cn。
本书咨询联系方式:(010)51260888-819,faq@phei.com.cn。

前言

在经营淘宝店铺的时候,你是不是也会遇到关键词与宝贝不匹配、店铺文案千篇一律、宝贝搜索量不高等一系列问题?你是不是也非常疑惑:我已经把热门关键词植入标题当中,可是为什么搜索量依旧上不去?

别着急,本书将从淘宝店铺取名、宝贝关键词提取、如何优化宝贝标题、宝贝卖点该如何突出、如何使淘宝文案具备辨识度等多方面、全方位进行剖析与讲解;帮助读者认清自身淘宝店铺文案所遇到的问题,搞清淘宝店铺文案应注意的规则。让你从淘宝文案新手迅速蜕变为老手。

由于新媒体时代的来临,淘宝店铺不仅仅需要依靠淘宝平台自身引流,更多地需要店主亲自到互联网其他载体上来对店铺进行宣传。本书告诉你在不同的载体上该如何撰写淘宝店铺推广文案,帮助你为自己的店铺吸引更多流量。

当然,受到不同行业的影响,不同行业在淘宝文案撰写上的侧重点也不尽相同,本书就选取了孕婴产品、服装内衣、鞋帽箱包、家电数码、美食生鲜等时下热门行业详细讲解不同行业淘宝文案该如何撰写、卖点该如何解析，让你在淘宝文案撰写上更加如鱼得水。

本书特色

（1）实操性强：本书全部依托实操当中所遇到的实际问题进行解析，便于阅读者还原到工作当中，切实解决实际问题。

（2）内容全面翔实：本书共分13章，从常见错误案例、店铺取名、宝贝关键词查找、宝贝标题优化以及各行业淘宝文案侧重点等多方面、全方位针对淘宝店铺中所使用的文案进行详细讲解；手把手教你淘宝文案的撰写方法。

（3）与时俱进：随着新媒体时代的来临，淘宝店铺的推广与引流已经不再局限于淘宝这一平台本身，应具备全局意识，在互联网上全方位布局。本书就针对不同载体，讲解推广淘宝店铺的方法，让你紧跟时代步伐，在工作当中游刃有余。

（4）通俗易懂：本书以平实的语言讲述工作当中所遇到的专业问题，便于阅读者理解与使用。让所有人都看得懂，学得会。

本书内容及体系结构

第1章 淘宝常见错误文案类型解析

本章着重讲解淘宝这一平台上的常见错误文案类型，通过对错误文案的剖析，使阅读者快速深谙淘宝文案的一般撰写方法和规律，对淘宝文案拥有初步认知，扫清认知障碍，为后续的淘宝文案学习做好铺垫工作。

第2章 店铺名称该如何拟定

众所周知，一个好的店铺名称能够影响店铺的销量。那么我们又该如何取名，才能做到既能够被购买者轻松记住，又能够获取更多的搜索量呢？本章就针对这一问题进行详细探讨，告诉读者为店铺取名的一般方法和思路。

第3章 店铺主页文案该如何设计

众所周知，店铺主页是一个店铺的门面，那么主页文案又该如何进行设计呢？怎样设计店铺主页文案才能够使购买者一目了然地了解店铺商品及现有优惠呢？在本章，笔者就根据广泛的实操经验整理了一系列问题，并逐一解答，帮助读者设计好店铺主页文案。

第4章 如何提取关键词

在运营淘宝店铺时，提取关键词是重中之重，如果设置好商品的关键词，就会带来可观的流量，如果设置的关键词不对，就会影响销量。那么，作为淘宝卖家，我们到底该如何提取关键词呢？本章就根据实操情况详细解析该如何提取关键词。

第5章 宝贝标题该如何优化

很多新手卖家都会有这样的疑问："宝贝标题该如何优化？""到底怎样优化宝贝标题才是正确的？""优化宝贝标题的思路都有哪些？"那么本章就针对上述问题来进行详细的解析，告诉你优化宝贝标题的思路都有哪几种。

第6章 宝贝卖点该如何撰写

如果仔细留意，你会发现有很多卖家在标题下面写一行小字来诠释商品。那么你知道这一行小字是什么吗？没错，这行小字就叫作宝贝卖点。那么你知道宝贝卖点又有什么作用吗？别着急，在本章，作者汇总了海量实操经验，教你如何撰写宝贝卖点以及如何通过宝贝卖点突出需要的内容。

第7章 宝贝详情页文案该如何撰写

有些新手卖家在撰写淘宝详情页的时候会感觉一头雾水，不知道该从哪个方面开始写起，也不知道该如何将宝贝卖点、宝贝产地、宝贝功能、物流信息、促销政策等多种不同的元素进行融合。那么，本章就针对这一问题进行详细叙述，告诉你宝贝详情页文案的撰写方法。

第 8 章　如何通过文案使更多人记住店铺

很多卖家都会产生这样的苦恼:"淘宝上的卖家千千万,那么我们该怎样做才能使购买者记住我的店铺?"别着急,本章从企业愿景、氛围营造、主题环境营造、人群定位等不同角度进行全方位解读,帮助你树立店铺的独特性,让更多购买者对店铺过目不忘。

第 9 章　如何使文案更易被购买者接受

撰写文案不同于写文章,它不需要优美,但却需要使购买者乐于接受。那么我们到底该如何写文案,才能使购买者更加乐于接受呢?在本章,作者总结了多年工作经验,从文案的趣味性、真实性、专业性、可读性等多方面入手,为你进行详细的讲解。

第 10 章　在为新店铺撰写文案时该怎样激发灵感

有很多卖家在为店铺撰写文案的时候往往都会遇到灵感匮乏的状况,这个时候我们需要做的就是"寻找灵感"。那么,看到这里就一定有人会问:"该如何寻找灵感呢?"在本章,作者就通过海量实操经验从挖掘文案关键词,到查找同类店铺,再到与购买者进行沟通等多个方面进行了详细的讲解。

第 11 章　如何在网络上撰写店铺推介文案

店铺成立以后最主要的就是要进行推广了,那么我们又应该怎样在互联网上撰写店铺文案呢?怎样撰写店铺推广文案才能在最大程度上起到引导到店形成购买的作用呢?本章就针对这一问题与读者进行详细的探讨,让你从店铺推广的门外汉变成资深老手。

第 12 章　不同行业的文案特点

都是运营淘宝店铺,那么不同行业的文案就都是相同的吗?答案一定是否定的。那么本章就根据常见行业,总结了在撰写文案方面的一些规则;让你根据自身行业的属性,撰写最适合的文案,给购买者树立一种权威严谨的形象。

第 13 章　其他淘宝文案常见问题解析

在运营淘宝店铺撰写淘宝文案的时候,一定会遇到这样或者那样的问题。

在本章，作者就汇总了一些常见的问题，并给予了详细的解答，供读者在运营当中参考使用。

适合读者

- 网络营销人员
- 淘宝/天猫店运营人员
- 个人淘宝店主
- 准备转型电商的传统行业从业者
- 电商创业人员

目录

第 1 章　淘宝常见错误文案类型解析 1

　　1.1　不知所云型 1

　　　　1.1.1　不知所云型文案案例分析 2

　　　　1.1.2　不知所云型文案的破解方法 2

　　1.2　过于平淡型 4

　　　　1.2.1　过于平淡型文案案例分析 4

　　　　1.2.2　过于平淡型文案的破解方法 5

　　1.3　逻辑混乱型 6

　　　　1.3.1　逻辑混乱型文案案例分析 6

　　　　1.3.2　逻辑混乱型文案的破解方法 7

　　1.4　不具营销力型 8

　　　　1.4.1　不具营销力型文案案例分析 8

　　　　1.4.2　不具营销力型文案的破解方法 9

　　1.5　滥用英文型 10

　　　　1.5.1　滥用英文型文案案例分析 10

　　　　1.5.2　滥用英文型文案的破解方法 10

1.6 华丽辞藻堆砌型 12
1.6.1 华丽辞藻堆砌型文案案例分析 12
1.6.2 华丽辞藻堆砌型文案的破解方法 13
1.7 与产品不搭型 14
1.7.1 与产品不搭型文案案例分析 14
1.7.2 与产品不搭型文案的破解方法 14
1.8 违反广告法型 15
1.8.1 违反广告法型文案案例分析 16
1.8.2 违反广告法型文案的破解方法 16
1.9 信息传递障碍型 17
1.9.1 信息传递障碍型文案案例分析 17
1.9.2 信息传递障碍型文案的破解方法 18

第 2 章 店铺名称该如何拟定 20

2.1 以物品为导向 20
2.1.1 为什么要以物品为导向取名 21
2.1.2 在以物品为导向取名时该注意的问题 21
2.1.3 案例：以刘经理所卖的多肉植物为例解析为店铺取名 22
2.2 以品牌为导向 23
2.2.1 以品牌为导向取名的优势 23
2.2.2 在以品牌为导向取名时该注意的问题 23
2.2.3 案例：以李经理的美妆店铺为例解析以品牌为导向取名 24
2.3 以动物为导向 25
2.3.1 以动物为导向取名的优势 25
2.3.2 在以动物为导向取名时该注意的问题 26
2.3.3 案例：以安经理的婴幼儿用品店为例解析以动物为导向取名 27
2.4 以折扣为导向 27
2.4.1 以折扣为导向取名的优势 27
2.4.2 在以折扣为导向取名时该注意的问题 28
2.4.3 案例：以刘经理的女装工厂为例详解以折扣为导向取名法 28

2.5 以功效为导向 29
　　2.5.1 以功效为导向取名的优势 29
　　2.5.2 在以功效为导向取名时该注意的问题 30
　　2.5.3 案例：以王先生的药酒厂为例详解以功效为导向取名 31
2.6 以销售方法为导向 31
　　2.6.1 以销售方法为导向取名的优势 32
　　2.6.2 在以销售方法为导向取名时该注意的问题 32
　　2.6.3 案例：以王经理的饰品店为例详解以销售方法为
　　　　　导向取名 33
2.7 以人物为导向 33
　　2.7.1 以人物为导向取名的优势 34
　　2.7.2 在以人物为导向取名时该注意的问题 34
　　2.7.3 案例：以方经理的鲜花店为例详解以人物为
　　　　　导向取名 35
2.8 以人群特征为导向 35
　　2.8.1 以人群特征为导向取名的优势 36
　　2.8.2 在以人群特征为导向取名时该注意的问题 36
　　2.8.3 案例：以王经理的智能穿戴店为例详解以人群特征为
　　　　　导向取名 37

第3章 店铺主页文案该如何设计 38

3.1 店铺主页该包含哪些内容 38
　　3.1.1 淘宝店铺主页应该包含何种内容 39
　　3.1.2 在撰写淘宝店铺主页文案时该注意的问题 40
3.2 店铺头图文案该如何撰写 41
　　3.2.1 店铺头图文案应该突出什么 41
　　3.2.2 店铺头图文案在撰写时该注意哪些问题 41
3.3 如何通过店铺主页文案烘托店铺风格 42
　　3.3.1 为什么要在店铺主页烘托店铺风格 42
　　3.3.2 我们该如何烘托店铺风格 43
3.4 如何通过店铺主页文案凸显店铺活动 44
　　3.4.1 将店铺活动在店铺主页进行展示的方法 45

3.4.2　将店铺活动在店铺主页进行展示时该注意的问题........45
　3.5　如何通过店铺主页文案突出爆款商品................................46
　　　3.5.1　爆款商品该如何打造..46
　　　3.5.2　如何通过店铺主页文案突出爆款商品........................47
　3.6　如何使购买者迅速通过店铺主页找到想要的商品..............47
　　　3.6.1　使购买者迅速找到想要的商品的方法........................48
　　　3.6.2　在具体操作时应该注意的问题..................................48
　3.7　如何使购买者迅速找到店铺联系方式................................49
　　　3.7.1　该如何展示店铺联系方式..49
　　　3.7.2　展示店铺联系方式的方法有哪些..............................50
　3.8　如何通过店铺主页文案刺激购买需求................................51
　　　3.8.1　通过店铺主页文案刺激购买需求的方式....................51
　　　3.8.2　在操作时应注意的问题有哪些..................................52
　3.9　在装修店铺主页时该注意的其他问题................................52

第4章　如何提取关键词..55

　4.1　如何利用工具确定关键词..55
　　　4.1.1　利用工具提取关键词的方法有哪些..........................56
　　　4.1.2　利用工具提取关键词时该注意的问题有哪些............59
　　　4.1.3　案例：以王经理的男装店为例详解关键词的提取方法...59
　4.2　关键词该找哪几类..60
　　　4.2.1　该找哪几类关键词..60
　　　4.2.2　在找关键词时该注意哪些问题..................................61
　4.3　如何为找到的关键词进行排列..62
　　　4.3.1　关键词该如何排列..62
　　　4.3.2　在排列关键词时该注意哪些问题..............................63
　4.4　如何将关键词融合在宝贝标题当中..................................64
　　　4.4.1　将关键词与宝贝标题相融合的方法..........................64
　　　4.4.2　将关键词与宝贝标题融合时该注意的问题................64
　　　4.4.3　案例：以阮经理经营的茶杯为例详解如何将关键词
　　　　　　植入宝贝标题..65
　4.5　如何在植入关键词时突出卖点..65

4.5.1　该怎样在植入关键词时突出卖点 66
4.5.2　在植入关键词时该注意的问题有哪些 66
4.5.3　案例：以王经理的牛仔裤为例详解关键词卖点的植入 67
4.6　如何界定关键词的好坏 67
4.6.1　界定关键词好坏的方法 68
4.6.2　界定关键词好坏时该注意的问题 68
4.7　在植入关键词时其他该注意的问题都有哪些 69

第5章　宝贝标题该如何优化 71
5.1　借势式标题 71
5.1.1　借势式标题该如何撰写 71
5.1.2　在使用借势式标题时该注意的问题 72
5.1.3　案例：以安经理的T恤店为例详解借势式标题 72
5.2　吸睛式标题 73
5.2.1　吸睛式标题的写法有哪些 73
5.2.2　吸睛式标题在撰写时该注意的问题有哪些 74
5.2.3　案例：以刘经理的创意水杯为例详解吸睛式标题的应用 74
5.3　营销式标题 75
5.3.1　营销式标题该如何写 75
5.3.2　在写营销式标题时该注意的问题 76
5.3.3　案例：以柳经理的坚果店铺为例详解营销式标题的写法 76
5.4　夸张式标题 77
5.4.1　夸张式标题的撰写方法 77
5.4.2　在撰写夸张式标题时该注意什么 78
5.4.3　案例：以王经理的男士服装店为例详解夸张式标题的写法 78
5.5　知识式标题 79
5.5.1　知识式标题该如何撰写 79
5.5.2　撰写知识式标题时该注意的问题有哪些 79
5.5.3　案例：以王经理的厨具店为例详解知识式标题的写法 80
5.6　对比式标题 80

- 5.6.1 对比式标题该如何撰写 ... 80
- 5.6.2 在撰写对比式标题时该注意的问题 ... 81
- 5.6.3 案例：以阮经理的衣橱店为例详解对比式标题的写法 ... 81

5.7 情怀式标题 ... 82
- 5.7.1 情怀式标题该如何撰写 ... 82
- 5.7.2 在撰写情怀式标题时该注意的问题 ... 82
- 5.7.3 案例：以李经理的零食店为例详解情怀式标题的写法 ... 83

5.8 疑问式标题 ... 84
- 5.8.1 疑问式标题都出现在哪里 ... 84
- 5.8.2 在撰写疑问式标题时该注意哪些方面 ... 84
- 5.8.3 案例：以王女士的墙纸店为例详解疑问式标题的写法 ... 85

第6章 宝贝卖点该如何撰写 ... 86

6.1 宝贝卖点都应包含什么 ... 86
- 6.1.1 宝贝卖点的作用是什么 ... 87
- 6.1.2 宝贝卖点都应该包含哪些内容 ... 87
- 6.1.3 案例：以王经理的对虾海产店为例详解宝贝卖点的撰写 ... 87

6.2 在宝贝卖点当中应该突出什么 ... 88
- 6.2.1 宝贝卖点应该突出什么 ... 88
- 6.2.2 撰写宝贝卖点时该注意哪些问题 ... 89
- 6.2.3 案例：以李经理的榨汁机为例详解在宝贝卖点当中应该突出什么 ... 89

6.3 如何在宝贝卖点中突出感受 ... 90
- 6.3.1 在宝贝卖点中突出感受的方法 ... 90
- 6.3.2 突出感受时该注意的问题 ... 90
- 6.3.3 案例：以方经理的面膜店为例详解如何在宝贝卖点当中突出感受 ... 91

6.4 如何在宝贝卖点中突出促销政策 ... 91
- 6.4.1 促销政策该如何突出 ... 92
- 6.4.2 在突出促销政策时该注意哪些问题 ... 92
- 6.4.3 案例：以刘经理的体育用品店为例详解如何在宝贝卖点中突出促销政策 ... 92

6.5 如何在宝贝卖点中突出店铺形象 93
 6.5.1 在宝贝卖点中突出店铺形象的方法 93
 6.5.2 在突出店铺形象时该注意的问题有哪些 94
 6.5.3 案例：以王经理的森系服装店为例详解如何在卖点中突出店铺形象 94

6.6 如何在宝贝卖点中使购买者更了解产品 95
 6.6.1 通过宝贝卖点使购买者更了解产品的方法 95
 6.6.2 通过宝贝卖点使购买者更了解产品时该注意哪些问题 96
 6.6.3 案例：以李女士的智能家居生活小店为例详解通过卖点使购买者更了解产品 96

6.7 如何在宝贝卖点中对购买者进行"逼单" 97
 6.7.1 在宝贝卖点中对购买者进行"逼单"的方法有哪些 98
 6.7.2 在宝贝卖点中对购买者进行"逼单"时该注意哪些问题 98
 6.7.3 案例：以王经理的打火机店为例详解在宝贝卖点中对购买者进行"逼单" 99

6.8 其他通过宝贝卖点撰写刺激销量的方法 99
 6.8.1 通过宝贝卖点撰写刺激销量的其他方法 100
 6.8.2 在通过宝贝卖点撰写刺激销量时该注意的问题 100

第7章 宝贝详情页文案该如何撰写 102

7.1 宝贝详情页文案该包含哪些内容 102
 7.1.1 宝贝详情页文案该包含的内容有哪些 103
 7.1.2 在撰写宝贝详情页时该注意哪些方面 104
 7.1.3 案例：以方经理的果蔬店为例，详解宝贝详情文案的撰写 104

7.2 促销性宝贝详情页文案该如何撰写 105
 7.2.1 如何撰写促销性宝贝详情页文案 105
 7.2.2 在撰写促销性宝贝详情页文案时该注意的问题 106
 7.2.3 案例：以王经理的茶杯店为例详解促销性宝贝详情页文案的撰写 106

7.3 体验性宝贝详情页文案该如何撰写 107
 7.3.1 如何撰写体验性宝贝详情页文案 107

目录

- 7.3.2 在撰写体验性宝贝详情页文案的时候该注意哪些问题 108
- 7.3.3 案例：以安经理的面膜为例详解体验性宝贝详情页文案的撰写 108
- 7.4 对比性宝贝详情页文案该如何撰写 109
  - 7.4.1 如何撰写对比性宝贝详情页文案 109
  - 7.4.2 撰写对比性宝贝详情页文案时该注意哪些方面 110
  - 7.4.3 案例：以李经理的智能手表为例详解对比性宝贝详情页文案的撰写 110
- 7.5 警示性宝贝详情页文案该如何撰写 111
  - 7.5.1 如何撰写警示性宝贝详情页文案 111
  - 7.5.2 在撰写警示性宝贝详情页文案时该注意哪些问题 112
  - 7.5.3 案例：以刘经理的减肥药品店为例详解警示性宝贝详情页文案的撰写 112
- 7.6 文艺性宝贝详情页文案该如何撰写 113
  - 7.6.1 如何撰写文艺性宝贝详情页文案 113
  - 7.6.2 在撰写文艺性宝贝详情页文案时该注意哪些问题 114
  - 7.6.3 案例：以刘经理的图书小店为例详解文艺性宝贝详情页的塑造 114
- 7.7 悬念性宝贝详情页文案该如何撰写 115
  - 7.7.1 如何撰写悬念性宝贝详情页文案 115
  - 7.7.2 在撰写悬念性宝贝详情页文案时该注意哪些问题 116
  - 7.7.3 案例：以王经理的创意产品店为例详解悬念性宝贝详情页的撰写 116
- 7.8 情感性宝贝详情页文案该如何撰写 117
  - 7.8.1 如何撰写情感性宝贝详情页文案 117
  - 7.8.2 在撰写情感性宝贝详情页文案时该注意哪些问题 117
  - 7.8.3 案例：以阮经理的足疗盆为例详解情感性宝贝详情页文案的撰写 118
- 7.9 在撰写宝贝详情页文案时该注意哪些问题 119

第8章 如何通过文案使更多人记住店铺 121

- 8.1 将企业愿景植入文案当中 121

- 8.1.1 该如何将企业愿景植入文案当中 122
- 8.1.2 将企业愿景植入文案当中时该注意的问题有哪些 122
- 8.1.3 案例：以吴经理的水产为例详解将企业愿景植入文案当中的方法 123
- 8.2 设定好固定的购买人群 124
  - 8.2.1 购买人群该如何设定 124
  - 8.2.2 在设定购买人群时该注意的问题有哪些 124
  - 8.2.3 案例：以魏经理的黑科技店铺为例详解购买人群的设定 125
- 8.3 说出购买者想说的内容 125
  - 8.3.1 该如何说出购买者想说的内容 126
  - 8.3.2 在说出购买者想说的内容时该注意哪些问题 126
  - 8.3.3 案例：以王经理的厨具店铺为例详解该如何说出购买者想说的内容 127
- 8.4 深度挖掘商品细节卖点 127
  - 8.4.1 该如何深度挖掘产品细节卖点 127
  - 8.4.2 在挖掘产品细节卖点时该注意哪些问题 128
  - 8.4.3 案例：以王经理的智能门锁为例详解商品细节卖点的挖掘 129
- 8.5 突出店铺的核心竞争力 130
  - 8.5.1 该如何突出店铺的核心竞争力 130
  - 8.5.2 在突出店铺核心竞争力时该注意的问题 130
  - 8.5.3 案例：以李经理的饰品店为例详解如何突出店铺的核心竞争力 131
- 8.6 购买细节问题不应忽视 132
  - 8.6.1 购买者一般会遇到哪些问题 132
  - 8.6.2 店铺应该如何做 133

第9章 如何使文案更易被购买者接受 134

- 9.1 增加文案的趣味性 134
  - 9.1.1 增加文案趣味性的方法有哪些 135
  - 9.1.2 在增加文案趣味性的同时该注意些什么 135

目录 XVII

9.1.3 案例：以王经理的代步车店铺为例详解如何增加文案的趣味性 136
9.2 增加文案的真实性 136
 9.2.1 文案的真实性该如何增加 137
 9.2.2 在增加文案真实性时该注意的问题有哪些 137
 9.2.3 案例：以李经理的羽绒服店为例详解如何增加文案的真实性 138
9.3 增加文案的专业性 138
 9.3.1 该如何增加文案的专业性 139
 9.3.2 在增加文案的专业性时该注意的问题有哪些 139
 9.3.3 案例：以王经理的单反相机店为例详解如何增加文案的专业性 140
9.4 增加文案的煽动性 140
 9.4.1 该如何增加文案的煽动性 141
 9.4.2 在增加文案的煽动性时该注意哪些问题 141
 9.4.3 案例：以方经理的滑板小店为例详解如何增加文案的煽动性 142
9.5 增加文案的指向性 142
 9.5.1 该如何增加文案的指向性 143
 9.5.2 在增加文案指向性时该注意的问题 143
 9.5.3 案例：以赵经理的女裙店为例详解如何增加文案的指向性 143
9.6 增加文案的文艺性 144
 9.6.1 该如何增加文案的文艺性 144
 9.6.2 在增加文案的文艺性时该注意哪些问题 144
 9.6.3 案例：以康经理的吉他店为例详解如何增加文案的文艺性 145
9.7 增加文案的时代性 145
 9.7.1 该如何增加文案的时代性 146
 9.7.2 在增加文案的时代性时该注意哪些问题 146
 9.7.3 案例：以袁经理的老物件小店为例详解如何为文案增加时代性 146

第10章 在为新店铺撰写文案时该怎样激发灵感 148

10.1 通过搜索引擎选取关键词并激发灵感 148
- 10.1.1 该如何通过搜索引擎选取关键词并激发灵感 149
- 10.1.2 在选取关键词激发灵感时该注意哪些问题 150
- 10.1.3 案例：以李经理的电脑小店为例详解如何选取关键词并激发灵感 150

10.2 查阅同类店铺取经学习 151
- 10.2.1 向同类店铺学习取名时该学习什么 152
- 10.2.2 在取经学习时该注意哪些方面的问题 152

10.3 在新媒体平台上查找关于商品的内容 153
- 10.3.1 该如何在新媒体平台上查找关于商品的内容 153
- 10.3.2 在新媒体平台上查找关于商品的内容时该注意的问题有哪些 153
- 10.3.3 案例：以王经理的蛋糕店为例详解该如何在新媒体平台上进行借鉴 154

10.4 在 B2C 平台查看购买者对商品的评价 154
- 10.4.1 该如何通过 B2C 平台从购买者评价当中寻找文案撰写灵感 155
- 10.4.2 在寻找撰写灵感时该注意的问题有哪些 155

10.5 通过新闻网站查阅行业动态 156
- 10.5.1 该如何通过新闻网站查阅行业动态 156
- 10.5.2 在查阅行业动态时该注意哪些问题 157
- 10.5.3 案例：以安经理的美妆店为例详解如何通过新闻网站追随行业动态 157

10.6 广泛搜集同类产品的各类广告 158
- 10.6.1 该如何搜集同类产品的广告 159
- 10.6.2 在搜集同类产品的广告时该注意哪些问题 159
- 10.6.3 案例：以王经理的饮料店为例详解该如何搜集同类产品的广告 160

10.7 广泛观察客户积累痛点 160
- 10.7.1 该如何与新老客户进行沟通、搜集痛点 161
- 10.7.2 在与新老客户进行沟通、搜集痛点时该注意的问题 161

10.7.3　案例：以王经理的奶制品店为例详解该如何
　　　　　　广泛观察客户、积累痛点.................................162

第 11 章　如何在网络上撰写店铺推介文案.................................163

11.1　如何在论坛上推介店铺.................................163
　　　11.1.1　在论坛上推介店铺的优势.................................164
　　　11.1.2　该如何在论坛上推介店铺.................................164
　　　11.1.3　在论坛上推介店铺时该注意的问题.................................164
　　　11.1.4　以钱经理的防裂袜店为例详解该如何在论坛上
　　　　　　推广店铺.................................165

11.2　如何在新媒体上推介店铺.................................166
　　　11.2.1　在新媒体上推介店铺的优势.................................166
　　　11.2.2　该如何在新媒体上推介店铺.................................166
　　　11.2.3　在新媒体上推介店铺时该注意的问题.................................167

11.3　如何在网站上推介店铺.................................167
　　　11.3.1　在网站上推介店铺的优势.................................167
　　　11.3.2　该如何在网站上推介店铺.................................168
　　　11.3.3　在网站上推介店铺时该注意的问题.................................168

11.4　如何在博客上推介店铺.................................169
　　　11.4.1　在博客上推介店铺的优势.................................169
　　　11.4.2　该如何在博客上推介店铺.................................169
　　　11.4.3　在博客上推介店铺时该注意哪些问题.................................170

11.5　如何在 B2B 平台上推广自己的店铺.................................171
　　　11.5.1　在 B2B 平台上推荐店铺的优势.................................171
　　　11.5.2　该如何在 B2B 平台上推荐店铺.................................171
　　　11.5.3　在 B2B 平台上推介店铺时该注意的问题有哪些.................................172

11.6　如何通过搜索引擎推介自己的店铺.................................173
　　　11.6.1　该如何通过搜索引擎推介自己的店铺.................................173
　　　11.6.2　在通过搜索引擎推介店铺时该注意的问题有哪些.................................173

11.7　如何通过问答类平台推介自己的店铺.................................174
　　　11.7.1　通过问答类平台推介自己店铺的优势.................................174
　　　11.7.2　该如何通过问答类平台来推介自己的店铺.................................174

11.7.3　在推介自己店铺的时候该注意哪些问题......175
11.8　如何在DM单上推介自己的店铺......175
　　11.8.1　在DM单上推介店铺的优势......176
　　11.8.2　该如何在DM单上推介自己的店铺......176
　　11.8.3　在DM单上推介店铺时该注意的问题有哪些......176
11.9　如何在实体店推介自己的网店......177
　　11.9.1　该如何在实体店推介自己的网店......177
　　11.9.2　在推介自己的网店时该注意的问题有哪些......177

第12章　不同行业的文案特点......179

12.1　孕婴产品行业淘宝文案的特点是什么......179
　　12.1.1　孕婴产品行业的侧重点在哪里......180
　　12.1.2　孕婴产品行业文案的调性是什么......180
　　12.1.3　孕婴产品行业文案在撰写时该注意什么问题......181
12.2　服装内衣行业淘宝文案的特点是什么......181
　　12.2.1　服装内衣行业文案的侧重点在哪里......181
　　12.2.2　服装内衣行业的调性是什么......182
12.3　鞋帽箱包行业淘宝文案的特点是什么......183
　　12.3.1　鞋帽箱包文案的侧重点是什么......184
　　12.3.2　鞋帽箱包文案的调性是什么......185
12.4　家电数码行业淘宝文案的特点是什么......185
　　12.4.1　家电数码行业文案的侧重点是什么......185
　　12.4.2　家电数码行业文案的调性是什么......186
12.5　美妆洗护行业淘宝文案的特点是什么......187
　　12.5.1　美妆洗护文案的侧重点是什么......187
　　12.5.2　在撰写美妆洗护文案时该营造怎样的调性......188
12.6　美食生鲜行业淘宝文案的特点是什么......188
　　12.6.1　美食生鲜行业文案的侧重点是什么......189
　　12.6.2　在撰写美食生鲜行业文案时该注意哪些问题......189
12.7　装修建材行业淘宝文案的特点是什么......190
　　12.7.1　装修建材行业文案的侧重点是什么......190
　　12.7.2　在撰写装修建材行业文案时该注意的问题有哪些......191

- 12.8 珠宝行业淘宝文案的特点是什么……192
  - 12.8.1 珠宝行业文案的侧重点是什么……192
  - 12.8.2 在撰写珠宝行业文案时该注意的问题有哪些……193
- 12.9 汽车行业淘宝文案的特点是什么……193
  - 12.9.1 汽车行业文案的侧重点是什么……194
  - 12.9.2 在撰写汽车行业文案时该注意的问题有哪些……195
- 12.10 运动户外用品行业淘宝文案的特点是什么……195
  - 12.10.1 运动户外用品文案的侧重点是什么……196
  - 12.10.2 在撰写运动户外用品文案时该注意的问题有哪些…196
- 12.11 游戏行业淘宝文案的特点是什么……197
  - 12.11.1 游戏行业文案的侧重点是什么……197
  - 12.11.2 在撰写游戏行业文案时该注意的问题有哪些……198

第13章 其他淘宝文案常见问题解析……200

- 13.1 宝贝配图会影响文案效果吗……200
  - 13.1.1 宝贝配图会影响文案吗……201
  - 13.1.2 淘宝配图的规则是什么……201
- 13.2 宝贝文案都是越短越好吗……202
  - 13.2.1 宝贝文案越短越好吗……202
  - 13.2.2 撰写宝贝文案有什么秘诀吗……202
- 13.3 店铺主页文案长一些好还是短一些好……203
  - 13.3.1 店铺主页文案该长一些还是短一些……203
  - 13.3.2 在撰写店铺主页文案时该注意什么……203
- 13.4 宝贝图上可以写一些文案吗……204
  - 13.4.1 宝贝图上是否可以写一些文案……204
  - 13.4.2 在宝贝图上配文案时该注意哪些问题……204
- 13.5 当店铺商品出现负面评价时该如何通过文案挽回形象……205
  - 13.5.1 当店铺商品出现负面评价时该怎么办……205
  - 13.5.2 在处理负面评价时该注意的问题有哪些……206
- 13.6 客服该注意的文案技巧有哪些……206
  - 13.6.1 客服该注意哪些文案技巧……207
  - 13.6.2 在实操时该注意的问题有哪些……207

13.7 该如何使文案卖点更清晰 208
　　13.7.1 使文案卖点更清晰的方法有哪些 208
　　13.7.2 在使文案卖点更清晰时该注意哪些问题 209

后记 210

第1章　淘宝常见错误文案类型解析

Chapter One

在运营淘宝店铺的过程当中，你是不是也曾遇到过"不知道宝贝描述该写什么？""我的店铺文案写得已经很好了，为什么就是没人购买？""我的店铺确实在搞活动，为什么购买者就是看不到？"这一系列问题？别着急，本章就来为你解析淘宝常见错误文案类型，帮助你认清自身淘宝店铺现状，快速熟络淘宝店铺文案的撰写方法。

1.1 不知所云型

如果仔细留意就会发现，有些淘宝店铺就算你看了他们的文案依旧不知道这个店铺在卖什么。明明是卖服饰，却偏要拽一些新词；明明是在卖灯具，却偏偏讲述无关的爱情故事。进而，给人一种不知所云的感觉。本节，就针对这一错误文案类型进行深度剖析。

1.1.1 不知所云型文案案例分析

厂家直销很闪很闪的衣服哦！适合儿童舞台用，儿童表演再也不方，让你家宝宝在舞台上更加闪亮。

阅读完上边的文案，我们可以得到怎样的消息？没错，我们只能知道：厂家直销、很闪的衣服、适合儿童舞台用。

但是，这件衣服到底适合儿童话剧表演，还是适合人偶表演，亦或是适合舞蹈表演，还是孩子主持节目时候能用到，这件衣服适合多大年龄儿童使用？关于这些细节，文案当中都没有提及。

此外，文案当中的"再也不方"是一句网络用语"很慌"的意思。出现在这里，并不能让所有人都理解。"再也不方"会让一些购买者摸不着头脑，甚至造成阅读障碍。

因此，我们在写淘宝文案的时候，一定要遵循两大原则：

- 宝贝文案尽量贴近产品本身。
- 尽量少在文案当中出现诸如"很方"这种网络用语。从而，使所有人在阅读时都能够读懂。

1.1.2 不知所云型文案的破解方法

在本节的前边我们已经讲述了在写文案时应该遵循的两大原则：第一，宝贝文案尽量贴近产品本身；第二，尽量少在文案当中出现诸如"很方"这种网络用语。那么针对这两大原则，我们在实际的工作当中又该如何来进行操作和执行呢？下面，就来针对这一问题进行详细阐述。

1. 该如何使宝贝文案尽量贴近产品本身

如果想要使宝贝文案尽量贴近产品本身，那么就一定要深度挖掘宝贝的卖点、功能、作用和外观等细节，对宝贝进行详细的描述。比如你要为一款裙子撰写文案，那么就可以写 2017 年爆款女裙，夏天鸡心领连衣裙，棉麻、黑白条纹连衣裙，宽松遮肉。

总之，要让阅读者通过阅读文案在第一时间对你的宝贝有所了解。并且，即使不看图片通过想象也能想象出这款宝贝到底是什么样子，就可以了。

2. 尽量少在文案当中出现诸如"很方"这种网络用语

想要达到这一点非常简单，就是不将流行语写在文案当中即可。到这里可能有些人会说，不对！有很多时候文案会乘借热门事件/热点话题为店铺吸引流量，不将网络用语写在文案当中也不行呀。

其实，在淘宝平台上乘借热门事件/热点话题为店铺吸引流量，乘借的往往都是某个点。比如说：XX 明星同款，XX 这类词还是可以写的。但是诸如：吊炸天、十动然拒、火星文这种根本无法详细描述某个宝贝的词汇，与任何宝贝都不太贴边的网络词汇，甚至普及率不高、大多数人不太看得懂的词汇，还是不出现在文案当中比较好。

> **Tips** 在撰写文案的时候，一定要将宝贝的卖点、功能、作用和外观等细节进行深度挖掘，这样你写出的文案才能详细地描述宝贝，尽可能地与宝贝相贴合。当然，在为宝贝撰写文案的时候，还应该注意尽量避免网络用语的出现，这样才能在最大程度上起到让所有人都能一目了然看得懂的效果。否则，就会给购买者一种不知所云的错觉，进而放弃购买。

1.2 过于平淡型

在浏览淘宝店铺和宝贝的时候，你是不是也会拥有这样的感觉：有些卖家文案写得非常好，但是通用性太强了，你可以这样写别家店铺也可以这样写，毫无特色可言。甚至，看了四五个宝贝，所有的描述和标题都大致雷同。本节，就来针对这一问题进行详细剖析，提出破解文案过于平淡的方法。

1.2.1 过于平淡型文案案例分析

新款时尚休闲鞋

加肥加大孕装

新包装，专柜正品，补水面膜、1 盒 10 贴送两贴

阅读完上边的文案你有什么感觉？没错，"新款时尚休闲鞋"，其实很多卖鞋的都能这么写。而且，从文案当中根本不知道这个卖家卖的是凉鞋还是布鞋亦或是旅游鞋；"加肥加大孕装"，也无法让阅读者了解到这个孕装是裤子还是裙子？是背心还是上衣？而"新包装，专柜正品，补水面膜、1 盒 10 贴送两贴"其实卖面膜的都可以这么写。

而且，看完上边的文字你真的不知道这些宝贝都是哪家店铺的？品牌是什么？风格是什么样子的？

所以，到这里想必你也能略知一二。在撰写淘宝文案的时候，为了避免不落入过于平淡，让购买者加深印象，应遵循如下规则：

- 提炼宝贝的核心卖点；
- 适当将品牌名称、宝贝风格特色融入文案当中；
- 适当在文案当中体现店铺的整体特色；
- 增加文案的冲击力。

1.2.2 过于平淡型文案的破解方法

既然我们已经知道了破解过于平淡型文案需要遵循的四大原则,那么我们在实际的工作当中又该如何来进行使用和具体操作执行呢?下面,就让我们针对这一问题进行详细探讨。

1. 提炼宝贝的核心卖点

这一点在日常的工作当中比较好理解,就是在文案当中植入宝贝最具竞争力的卖点,也就是别人家没有且不可复制的那个卖点。比如说你卖的是自家产的脐橙,你的脐橙选种是从美国选择的,培育的时候果肉被改良成粉色的了。那么你的文案就可以写"粉心脐橙,美国脐橙"等字样。

2. 适当将品牌名称、宝贝风格特色融入文案当中

为了能够让更多的人记住品牌,从而为宝贝和店铺赚取更多搜索量,我们还可以在文案当中植入一些品牌名称和宝贝风格特色。比如店铺上的是某知名女装A品牌的衣服,那么你在撰写文案的时候就可以植入"A品牌新款女装"等字样。

3. 适当在文案当中体现店铺的整体特色

为了能够使更多的人了解并记住自己的店铺,还可以在店铺当中植入一些环境和大背景以及特定元素。比如"年代感、森系、朋克风"等。然后店铺所有文案都根据这一风格来进行撰写。这样,店铺的特色就很容易被凸显出来啦。

4. 增加文案的冲击力

在为宝贝和店铺撰写文案的时候,我们还可以适当地增加一些煽动性词汇。比如"错过再无!""五折优惠!""血泪清仓!"等。这样,也能够在一定程度上起到让购买者记住店铺折扣和优惠的作用。

Tips 在为宝贝和店铺撰写文案的时候,一定注意深度提炼宝贝核心卖点;适当将品牌名称和宝贝风格特色融入到文案当中;在文案当中体现店

铺的整体特色；增加文案的冲击力。这样，就能够很容易树立起店铺的风格特色，进而让更多的购买者记住店铺。

1.3 逻辑混乱型

很多店铺都会在宝贝详情页撰写关于宝贝的文案，但是阅读久了你会发现很多文案都会陷入逻辑不清的尴尬，让很多人摸不着头脑。那么，这种逻辑不清的文案又该如何修改呢？本节，就来针对这一问题进行详细的讲解。

1.3.1 逻辑混乱型文案案例分析

和田玉七天无理由退换货

戴在身上更显尊贵，女士佩戴文雅知性；

送闺蜜、送老公、送老婆、送长辈，尊贵大气有里有面

纯天然新疆和田玉，全手工雕刻限时限量销售！

高僧开光、祈福平安。

立即购买，即享五折优惠！

乍一看上边的文案其实没有什么不妥，但仔细回顾你就能够发现端倪。第一句话写"无理由退换货"；第二句话就开始介绍应该送给谁；而第三句话却又写回了和田玉的做工和纯天然；而第四句话又写了"高僧开光、祈福平安"；最后一句话又写五折优惠。很显然，在逻辑上没有条理性，阅读起来接收到的信息感觉非常饱满，但却容易忘记，有种零散感。

正确的逻辑应该是：首先介绍和田玉的来源和制作工艺，然后再写戴在身上有什么样的感觉以及应该将这样的和田玉送给谁，接着写有高僧开光祈福平安，最后写无理由退换货以及目前的折扣与优惠。这样，通篇文案看起来就有条理得多，购买者也能够一目了然地找到自己想要的信息。因此，正确的文案顺序应该是这样的：

纯天然新疆和田玉，全手工雕刻

戴在身上更显尊贵，女士佩戴文雅知性；

送闺蜜、送老公、送老婆、送长辈，尊贵大气有里有面

高僧开光、祈福平安。

七天无理由退换货

立即购买，即享五折优惠！

因此，我们在撰写文案的时候，应该注意文案的逻辑顺序。

1.3.2 逻辑混乱型文案的破解方法

那么既然我们知道了在撰写文案的时候需要注意文案的逻辑顺序，那么在实际工作的时候，又该如何针对这一问题进行调整呢？在这里，有两种方法可供选择：第一种，根据正常的操作顺序来调整；第二种，硬性地将各个模块割裂开来，起个小标题来突出模块。

1. 根据正常的操作顺序来调整

这个比较好理解，如果是卖水果，就可以从水果的栽培、种植开始讲解，然后讲到产地、运输、仓储，以及优惠折扣等。如果是卖服装，那么就可以从设计、剪裁、布料、尺寸开始讲解，然后讲到穿在身上的感觉、服装的风格、目前的折扣等。总之，要根据正常的制作与操作的顺序，一步步一环一环地铺开呈现在购买者眼前。这样，购买者在购买产品时就能够在文案的引导下一步步了解产品，进而选择是否购买了。

2. 硬性地将各个模块割裂开来，起个小标题来突出模块

如果不知道所卖的宝贝到底是怎样制作的，或者干脆就无法理顺正常的操作顺序和步骤，再或者就是想突出折扣、先讲折扣，那么我们也可以通过小标题，来将各个模块割裂开来。让购买者在阅读上拥有一种轻松感和顺序感。比如可以将宝贝详情分为：售价优惠、制作工艺、尺寸面料、真人展示、物流包

装五大模块。这样无论你首选想要突出和讲述哪一部分，购买者都可以一目了然你到底在讲什么。

> **Tips** 在撰写文案时注意逻辑顺序最主要的目的是，让购买者一目了然地知道文案在讲述什么，从而避免大量信息零散穿插造成阅读障碍。在突出文案逻辑顺序时，可以根据正常的宝贝制作顺序调整；也可以硬性地以建立小标题的方式将各个模块割裂开来，突出逻辑感。总之，只要能够让购买者在第一时间清晰了解到文案在讲述什么以及快速找到想要的内容即可。

1.4 不具营销力型

有很多新店主一定会遇到这样的问题："我明明发起了店铺促销活动，为什么购买者就是看不到？"那么，在这里我要问一个问题，你发起了促销或者返款活动，真的展示给购买者了吗？真的在文案当中体现了吗？本节，就针对这一问题进行详细解析。

1.4.1 不具营销力型文案案例分析

这是一款非常火爆的吸尘器
你缺的只是一件好衣服
夏日风那么大我只想好好静静

阅读完上方的文案你会发现怎样的问题？没错，那就是文案看着很美，但是无法得知目前这些宝贝有什么促销优惠？看完了没有一种想要去购买的冲动。这样的文案，就和摆在店铺里的商品一样，宝贝自己不会说话，购买者看中了就买，看不中就拉倒。但是，这对店主来说就是损失。毕竟，开店铺就是要赚钱的嘛。

因此，我们为了使文案增加营销力，就应该在撰写文案的时候遵循下列原则：

- 在文案当中增加引导性词汇；
- 在文案当中增加促销政策和活动；
- 以对比的方法将价格展示给购买者。

1.4.2　不具营销力型文案的破解方法

本节的前边我们已经讲述了想要使文案具备营销力就应该做到哪些，下面，就针对这些问题进行详细探讨。

1. 在文案当中增加引导性词汇

这种手段一般适用于目前没有任何促销及返券活动的店铺，主要表现手法就是在文案当中植入"包邮！限时特惠！超低价钜惠等"字样。让更多的购买者，在阅读的时候就清晰地知道你的店铺虽然没有搞什么活动，但是，宝贝在定价的时候就已经比别家便宜很多了，而且包邮。

2. 在文案当中增加促销政策和活动

如果现在店铺内有促销活动，那么也可以在文案当中体现。这样，购买者在购买时就能够对目前店铺所做活动快速了解，进而，起到加速购买者进行购买决断的作用。比如可以在文案当中添加诸如："新品上架五折优惠；全部宝贝七折优惠，晒图微信返现 X 元"等店铺目前正在做的活动引导词汇。

3. 以对比的方法将价格展示给购买者

很多时候，明明这个宝贝卖到 100 多元已经很便宜，但是购买者却不买账依旧感觉很贵。那么，这个时候就可以采用对比的方法，首先将价格展示给购买者。比如，这个商品原价 800 元现价 100 元，那么可以将原价和现价在文案当中同时写出，这样购买者就能够清晰地知道，这款宝贝卖家已经做出了足够多的让利。

> **Tips** 如果店铺和宝贝文案不具影响力，购买者无法通过文案清晰地了解到底目前这家店铺都有哪些活动，在价格上已经让利了多少，那么可以利用三种手段来凸显营销性：1.在文案当中增加引导性词汇；2.在文案当中增加促销政策和活动；3.以对比的方法将价格展示给购买者。

1.5 滥用英文型

仔细留意就会发现有些店铺会在文案当中植入一些英文词汇，甚至自己植入一些英文缩写。很多人认为这样非常时尚，实际上这是非常不可取的一种手段。你问为什么？本节，就来针对这一问题进行详细解析。

1.5.1 滥用英文型文案案例分析

女性夏季粉色连衣裙，田园风粉色连衣裙，夏季穿出去最SY，最SY的小粉裙

阅读完上方的文字案例你会非常明显地发现一个问题，"SY"到底是什么？关于这一点，相信只要初次看这篇文案的人都会产生疑惑。其实，答案很简单，SY就是时尚的意思。在这篇文案当中作者就是自己拟定了这样一个英文缩写。但是要知道，在写文案的时候你是没机会解释SY到底是什么意思的。所以，这样的英文应该尽量避免使用。

1.5.2 滥用英文型文案的破解方法

到这里一定有人会问："到底什么样的英文才能够被植入到文案当中呢？在撰写文案的时候是不是就不能植入英文呢？"下面，笔者就针对这一问题详细解析。

实际上，并不是说就不能在文案当中植入英文，而是该怎样植入的问题。在一般情况下，我们要遵循这样几大原则：1.不要刻意编造；2.使用大众熟知

的英文；3.有英文热词时可以使用；4.如果英文是品牌词时可以使用。

1. 不要刻意编造

不要刻意编造，这一点非常好理解，就是不要凭借自己的想法刻意地去编造一些英文植入到文案当中去。这样，当购买者在阅读你的文案时就会产生一种阅读障碍。毕竟，不可能在文案当中解释你所编造的英文到底是什么意思。

2. 使用大众熟知的英文

当然，如果英文是大众所熟知的英文时，就可以使用到文案当中来了。因为是熟知，所以大多数人都会懂得你所使用英文的含义。这样，更加能够拉近与购买者的距离，增强代入感。

3. 有英文热词时可以使用

如果你想要在文案当中使用英文，那么也可以在网络上流行英文热词时进行使用。比如说"最 IN fashion"等这些已经被熟知和广泛应用的词汇。这样，能够让购买者感觉到店铺的与时俱进和时尚前卫。

4. 如果英文是品牌词时可以使用

当然，如果品牌是热词，或者是代理了某个国外的知名品牌，这个时候，就可以大大方方地将英文植入到文案当中去。因为，这是一种营销的手段。只有购买者反复看到这个英文品牌，才能够在无形当中记住品牌。当然，如果是代理了哪个知名的国外品牌，那么在文案当中植入这个品牌名称还能够起到引导搜索，获得搜索量的作用。

> **Tips** 虽说现在是一个与时俱进的时代，但是在撰写文案的时候也应该充分注意到大众的理解程度。不应该将自己编造的英文和不被大众熟知的英文植入到文案当中，那样只能给购买者造成理解上的困难。但如果植入的英文是网络热词、品牌名称，再或者是通俗易懂的，那么就可以大胆放心地植入进去。

1.6 华丽辞藻堆砌型

很多新手卖家一定会遇到这样的困惑："我的文案写得明明很美，但为什么就是没有人来购买呢？"事实上，并不是说文案的功底不好，而是你的购买者根本就无法通过你的文案获取到对他们有用的信息。什么，不信？本节，就来针对这一问题进行详细探讨。

1.6.1 华丽辞藻堆砌型文案案例分析

唯美声线、声声悦耳、极致畅享、快意人生、天籁之音

看完上边的文案你有什么感受？没错，那就是能够感觉到文案很美但却不知道这条文案到底是讲什么的，不知道卖的是什么产品。其实，这是一则麦克风的文案。如果我要将上边的文案换成下面这样，相信你就一目了然了：

用 XX 麦克风，你也能做大歌星！

从上边的"你也能做大歌星"就可以很清楚地让购买者知道，这个麦克风的音质比较好，而且麦克风还有修饰的功能，可以让每个人都能成为大歌星。而且，经常使用麦克风唱歌/讲话的人，一般都有明星情结。这样一说，就能够使购买者在第一时间明白用完这个麦克风后，能够给我带来什么样的变化，从而在瞬间与你产生共鸣。

因此，如果想要避免在文案当中堆砌华丽辞藻，想让文案具备营销力，让购买者在第一时间明白这则文案是卖什么的，优势在哪里？那么就要在撰写文案时遵循下列原则：

- 尽量说出购买者的感受；
- 尽量将使用感受具体化、形象化；
- 对所卖产品拥有充分认知，进行详细解构；

- 尽可能使文案更加简洁，避免冗长。

1.6.2 华丽辞藻堆砌型文案的破解方法

在本节的前边我们已经知道，如果想要避免在文案当中堆砌华丽辞藻，那么就一定要做到以下四点，那么我们在实际的工作当中又该如何来操作呢？

1. 尽量说出购买者的感受

与其堆砌那些华丽的辞藻，不如直接说出购买者的感受。比如说你想要卖的是面膜，与其写"极致细腻、轻松补水、天然萃取"，不如写"使你的肌肤如婴儿般细嫩；在补水的同时又不伤皮肤"来得更加直接。因此，在撰写文案之前一定要深挖购买者想要达到的那个目标到底是什么，购买者到底想要在用完产品后达到什么效果。这样，才能使购买者在阅读完文案后感同身受。

2. 尽量将使用感受具体化、形象化

除了在文案当中要突出购买者的感受，还要将感受写得更加具体化、形象化，贴近于生活本身。还是拿面膜这个产品举例。写"使皮肤紧致细嫩"，不如写"让你的皮肤比婴儿还水嫩"；写"纯天然萃取"，不如写"从植物果蔬当中直接提取"。这样，当购买者阅读到文案的时候，就能够更加拥有代入感。

3. 对所卖产品拥有充分认知，进行详细解构

如果想要使购买者在阅读完文案以后更加感同身受，就必须要对所卖的产品拥有充分认知，对产品的每一个细节进行更加详细的解构。只有撰写文案的人对产品充分了解，才能够还原购买者在使用完以后的感受，了解购买者想要在用完产品后达到的效果。这样的文案，才具备营销力。

4. 尽可能地使文案更加简洁，避免冗长

众所周知，文案的篇幅决定者购买者的思考时间。如果文案篇幅特别大，那么购买者在阅读完以后就会花大量的时间来进行思考。所以，为了使购买者一目了然地弄懂文案内容。文案篇幅就应该更加简洁，避免冗长，尽可能地缩短文案长度，做到短小精悍。

Tips 华丽辞藻堆砌型文案不仅会让购买者产生阅读障碍，还会降低文案的

营销力度。因此，在撰写文案时一定要注意上述四点，文案才能使购买者感同身受，进而形成购买。

1.7 与产品不搭型

在浏览店铺和宝贝的时候，你是否也曾遇到过这样的现象：明明产品非常小清新，但文案却写得非常阴郁；明明宝贝是箱包，但读完文案以后却感觉像是卖蛋糕。那么针对这种与产品不搭型的文案，我们在工作当中又该如何规避呢？本节，就来详细阐述。

1.7.1 与产品不搭型文案案例分析

橙黄色的面包圈外面裹着瑞士巧克力咬一口下去酥酥软软，圆圆的形状加上酥软的质地手感更加亲柔，让宝贝爱不释手哦……

上边的文案乍一看，你绝对会认为这是一篇写甜甜圈的文案，实际上却是在写甜甜圈救生圈。因此，我们在撰写文案的时候一定要注意这样几点：

- 尽可能描述产品功效；
- 如果图案像其他产品，一定要说清楚；
- 找到能够直接描述产品本身的词汇进行描述。

所以，上方的文案就可以换成这样：甜甜圈是每个宝贝都喜欢的食物，现在我们将它施以魔法变成游泳圈，带着它下水相信更能激发孩子的想象力。还等什么？赶快为你家宝贝购置一个吧。

1.7.2 与产品不搭型文案的破解方法

在本节的前边已经明确地讲述了为了避免文案与产品不搭，在撰写文案时要注意的三点，那么，在日常的工作当中又该如何来进行操作呢？本节，就针对这一问题进行详细阐述。

1. 尽可能地描述产品功效

如果想要让购买者在第一时间就读懂你的产品到底是什么，用完能够起到什么效果？那么就一定要尽可能地描述产品功效。要将产品的效果和外观直观地描述出来，这样才能让阅读者对产品拥有充分认知。比如说，卖的是洗面奶，那么就一定要写清楚"洁净面部 洗完不紧绷"等功效。

2. 如果图案像其他产品，一定要说清楚

如果产品图像其他产品，那么就一定要说清楚是像而非就是。比如说，所卖的宝贝是橘子外观的橡皮，那么文案就一定要突出"橘子橡皮，像橘子一样的橡皮"字样，而非只是围绕橘子来进行撰写。

3. 找到能够直接描述产品本身的词汇进行描述

如果实在不知道文案该如何撰写，那么还可以找到一些能够直接描述产品本身的词汇来进行描述。可以从产品的外观、性能、功效等方面入手来直接描述产品。比如要卖钢笔，那么就可以直接写"金属外壳、蓝色墨水、写字更流畅、不漏墨"等。

> **Tips** 如果在撰写文案的时候实在掌握不好尺度，不知道怎样描写才能让购买者一目了然地知道到底是在卖什么，那么就不妨从上述三大方面入手，这样，就能确保文案切实在讲述产品了。

1.8 违反广告法型

浏览文案时你一定会见到"最好、行业第一"等字样的文案。看起来，非常的酣畅淋漓，给人一种自信满满舍我其谁的风范。但是你知道吗？这样的文案，其实已经违反了广告法。那么本节，就来针对这一问题进行详细探讨，破

解"违反广告法型"文案的调整方法。

1.8.1 违反广告法型文案案例分析

最好吃的蛋糕店

辽沈地区唯一体验式咖啡厅

东北最大娱乐城

阅读完上方的文案你一定会感觉酣畅淋漓，但是要知道带有"最、唯一"之类的词汇，都是违反广告法的，只要在工作当中稍不注意就会触及红线。

因此，在撰写文案时就应该时刻注意以下几点：

- 不写极端词汇；
- 不刻意夸大夸张；
- 常用比较词汇。

1.8.2 违反广告法型文案的破解方法

既然本节的前边已经提到了想要避免在文案当中触及红线、违反广告法，就一定要注意上述三点，那么在日常的工作当中又该如何来运用呢？下面，就针对这一问题进行详细阐述。

1. 不写极端词汇

不写极端词汇这个比较好理解，就是尽量避免在工作当中撰写极端词汇。诸如"最好、第一、唯一"等。如果想体现企业的品牌比较好，那么可以写"较好、获得良好口碑"等这种相对柔和的词汇。

2. 不刻意夸大夸张

很多时候你在通过文案购买了商品以后，会发现事实根本不像你所想象的样子。这个时候，你就会感到受骗。因此，我们在撰写文案的时候也应该时刻注意，不要刻意夸大夸张。要让文案描述与事实相符。

3. 常用比较词汇

到这里一定有人会说既然"最好"和"第一"这类词汇都不让用，那么我们又该如何凸显产品的优势呢？其实，除了写极端词汇，还可以写一些诸如"相对较好，强于同类产品，行业佼佼者"这些比较类的词汇。这样，不仅能够规避触及广告法，而且能够使购买者更加信服企业。

> **Tips** 在撰写文案的时候稍不注意就会触及广告法，因此我们在日常的工作当中就要格外注意这一点。要在最大程度上避免极端词汇的使用，同时注意不要刻意夸大夸张，常用比较词汇。

1.9 信息传递障碍型

有些时候我们浏览完一个店铺，但却发现既不知道这家店铺主要是卖何种产品，也不知道这家店铺目前的活动都有哪些。这就是典型的信息传递障碍型文案。那么针对这类文案，又该如何规避呢？

1.9.1 信息传递障碍型文案案例分析

千款装饰，千种设计，不同方位展现你的品位。

阅读完上方的文案以后你有什么感觉？没错，那就是感觉即将要知道文案在说什么？但实际上却真的不知道上方的文案在讲述什么？其实，上方是一个淘宝店铺装修设计的文案。如果将文案改成下方这样，相信你就一目了然了：

淘宝详情页设计，主页装修，美工海报制作。

因此，在撰写文案的时候就应该注意下列问题：

- 直接描述我能做什么；

- 找到售卖的核心点；
- 以购买者的角度来撰写；
- 每条文案只讲一个卖点。

1.9.2 信息传递障碍型文案的破解方法

在本节的前边，我们已经知道了避免写出传递障碍型文案的方法，那么在日常的工作当中我们又该如何来操作呢？本节，就针对这一问题进行详细阐述。

1. 直接描述我能做什么

在撰写文案的时候，与其写服装设计不如写正装设计；与其写软稿代写不如写微信代运营。总之，就是要找出我们公司正在做什么？我们能做什么？然后，将正在做的事情清晰地写出来就可以了。

2. 找到售卖的核心产品

在撰写文案的时候，我们还需要找到售卖的产品，认清自己公司正在售卖什么。这样，才能使文案更加一目了然。比如说："虽然我们公司是在卖咖啡、饮料，但是却在定期举办业内交流会等"那么，公司的核心产品就是人脉拓展而不是卖咖啡什么的。因此，在撰写文案的时候，就应该主打"偶遇投资人/可以让你拓展人脉的咖啡厅"，而非只写咖啡。

3. 以购买者的角度来撰写

当我们实在不确定到底文案是否能够被购买者读懂时，不妨站在购买者的角度来撰写文案，找到购买者在生活当中遇到的切实问题，这样就能够在无形中拉近彼此的距离了。比如要撰写一个铅笔文案，与其写顺滑耐用，不如写掉到地上不断铅，任何橡皮都能擦拭干净。

4. 每条文案只讲一个卖点

为了能够使购买者拥有更加清晰的认知，我们还需要做到一条文案只写一个卖点。这样，购买者在阅读的时候，才能够清晰准确地接收到信息。比如要为一个出租房撰写文案，那么就应该主打"干净卫生、舒适如家"。而非先写可以做饭、后写房屋大小、再写离办公区近、告知价格，最后再写明可以让父母过来一起居住，这样就显得凌乱很多了。如果在文案当中一次性告知太多，反倒会让购买者觉得信息太多、摸不着头脑。

第 2 章　店铺名称该如何拟定

Chapter Two

在浏览淘宝店铺的时候,你一定会发现"有些店铺名称一看就能记住,而有些店铺一扫而过,根本记不住。"那么,这是为什么呢?在为店铺取名字的时候,又该怎样起才能使大众更容易记住呢?本节,就针对这一问题展开探讨。

2.1　以物品为导向

如果你足够仔细就一定会发现,很多店铺的名称是以物品为导向的。比如"XX 服饰店;XX 婴幼儿用品店;XX 箱包",那么这么做的好处在哪里呢?我们在取名字的时候,该怎样利用物品取名呢?本节,就针对这一问题进行详细解析。

2.1.1　为什么要以物品为导向取名

一目了然：以物品为导向进行取名，非常便于购买者一目了然地了解店铺所售卖的产品到底是什么。这样，就可以为购买者节省很多了解店铺的时间。

便于决断：众所周知，购买者买不买商品都是根据当时的需求决定的。因此，如果将店铺名字以物品为导向进行取名，那么购买者就能够在第一时间快速地了解到这家店铺到底在售卖什么产品，进而选择浏览或者不去浏览。

争取客源：有些店铺其实价位很合适，商品质量也很好，但是，却无人问津。其实，就是因为店铺名字。如果你以物品为导向进行取名，那么购买者就会及时了解到店铺在售卖什么，进而选择光顾。这就在无形当中拉拢了很多客源。如果购买者无法通过店铺名称了解你在售卖何种商品，那么很可能就不会浏览。

便于搜索：很多网店都是靠搜索量起家的，因此在取名的时候以物品为导向能够使有购买需求的人群主动搜索到店铺，进而进行浏览和购买。比如说我们要买一盆鲜花，那么我们一定会搜索鲜花二字。如果在店铺名称上植入了鲜花二字，则会大大提升曝光率；进而在无形当中，增加了店铺的浏览量和购买率。

便于记忆：要知道一个店铺能否拥有海量销量还是由大众对于店铺的记忆决定的，如果店铺以物品为导向进行取名，那么就相当于在大众的脑海当中形成了物品画像。下次，等购买者再有需求的时候就会主动想到你的店铺来进行购买。

2.1.2　在以物品为导向取名时该注意的问题

既然以物品为导向为店铺取名有这么多的好处，那么在实际的操作当中又该如何进行应用呢？事实上，你只需要思考 4 个问题：1. 卖什么以什么为核心来思考店名；2. 简洁易懂；3. 未来是否有添加项；4. 字数不宜太多。

1. 卖什么以什么为核心思考店名：这个非常好理解，如果你是在卖背包，那么就应该以箱包为核心进行取名。比如"艾美箱包、百变箱包"等。

2. 简洁易懂：在为店铺取名字的时候一定要注意简洁易懂，一般情况下取 3~6 个字为佳。切忌名字过长，这样只能给购买者造成阅读障碍，进而影响购买决策。

3. 未来是否有添加项：在取完名字以后，一定要注意一个问题——"未来是否有添加项目"，如果你起的店铺名字是"森系裙装"，但是你以后还要添加森系的鞋帽、森系的裤子等产品项目，那么，就显得非常尴尬了，很明显不利于日后的销售工作。因此，在取店铺名字的时候一定要注意，思考清楚未来是否会添加一些其他的产品。

4. 字数不宜太多：以物品为导向进行取名时字数不宜太多，过长的店铺名称会使购买者很难记得住。因此，在一般情况下店铺名称越短越好。这样，不仅有利于购买者形成记忆，而且更加有利于购买者在日后产生需求时进行回购。

2.1.3 案例：以刘经理所卖的多肉植物为例解析为店铺取名

刘经理最近养了很多多肉植物，他想要成立个淘宝店，在网上将这些植物卖出去，从而解决阳台被众多的多肉植物所占领的局面。但是，刘经理却在取淘宝店铺名称上犯了难。他不知道该如何取名字，才能吸引更多的客源。如果你是刘经理，知道该如何来为淘宝店铺取名字吗？

根据上方的背景资料可知，刘经理的淘宝店铺主要售卖的是"多肉植物"。那么，根据以物品为导向的取名规则，刘经理的店铺就可以以"多肉"为核心来进行取名。可以将名称取为：多肉之家、老刘多肉专卖、卖肉肉的老刘等。

> **Tips** 如果你想要快速抓住购买者的眼球，在最大程度上获取店铺搜索量，那么不妨以物品为导向进行取名。这样，所取的名字才能更容易被人记住和搜索。

2.2 以品牌为导向

作为卖家，有些时候我们就是想要让购买者记住我们的品牌。那么这个时候，我们又该如何来取名呢？本节，就根据这一问题进行详细阐述，介绍以品牌为导向进行取名的优势，以及该如何以品牌为导向进行取名。

2.2.1 以品牌为导向取名的优势

增加品牌记忆：众所周知，只要一个品牌名称出现六次，那么购买者就会记住这个品牌。因此，当卖家以品牌为核心进行取名时，就相当于在无形当中告诉了购买者我们的品牌名称是什么。进而，引导购买者在潜移默化当中记住品牌和产品。

便于树立形象：一个没有品牌名称的产品难免会给人一种不安全的感觉，甚至会被误认为是三无产品。因此，我们在售卖产品时要将品牌名称写出来，就能够给购买者营造一种非常严谨、专业的企业形象。

便于回购：如果购买者买了产品后感觉好吃就会记住品牌，下次想吃只要搜索品牌名就好了。但是，如果你的店铺没有品牌名称，那么购买者下次再想回购时，就无法找到你的店铺了，这样就在无形当中丢失了很多客户。因此，在店铺名称当中写出品牌名，更加便于购买者进行回购。

2.2.2 在以品牌为导向取名时该注意的问题

那么在日常的实际工作当中，我们又该如何以品牌为导向进行取名呢？在这里，笔者总结了一些以品牌为导向进行取名的规则，供大家在日常的工作当中参考使用：1. 品牌名称要简洁干练；2. 好记易懂；3. 要与产品有关联。

1. 品牌名称要简洁干练：这个比较好理解，如果品牌名称有十几二十个字，相信大多数人一时半会儿是记不住的。这样，购买者在购买完产品以后，便不会对企业拥有什么印象。但是，如果品牌名称简洁干练，也就那么两三个字，相信大多数人就都会在无形当中记住。

2. 好记易懂：你所取的店铺名称一定要便于记忆，而且浅显易懂。这样才能够使购买者在第一时间了解并记住店铺。如果店铺的名称非常生涩难懂，那么购买者就会花大量的时间来揣摩名称的含义，甚至放弃浏览你的店铺。

3. 要与产品有关联：这一点相对来说比较好理解，因为有些购买者无法从品牌名称当中读出到底这家店铺是在售卖什么产品，因此在为店铺取名的时候就应该注意名称与产品的相关性，将产品的门类植入到店铺名称当中。这样，购买者才能一目了然地了解店铺，进而选择是否浏览。

2.2.3 案例：以李经理的美妆店铺为例解析以品牌为导向取名

李经理经营一家美妆公司，主营面膜。现在他想要打入淘宝市场，在淘宝上开设一家店铺。但是，却在取名字上犯了难。他首先要为自己的产品取个品牌名称，然后再将这个品牌名称植入到淘宝店铺名称当中去。但是，毕竟品牌名是刚取的，如果直接植入势必会造成购买者的误解。那么到底该如何为淘宝店铺取名，才能即让购买者读懂又能够在无形当中起到宣传品牌的作用呢？如果你是李经理你会怎么做？

根据上方提供的资料可知，李经理经营的是一家美妆公司，主营的产品是"面膜"。

李经理想做的事情有二：1. 为面膜产品取个品牌名；2. 为自己的淘宝店

铺取名字，而且，在淘宝店铺的名字当中体现品牌名。

那么，李经理就应该取一个与面膜相关的品牌名称，众所周知面膜有唤醒肌肤、使肌肤保持水嫩的功效，因此李经理的品牌可以叫做"唤颜、唤肤、唤活"。

有了品牌名称，接下来就可以为店铺取名字了。由于品牌名是刚取的，知名度不太高，因此我们就必须在店铺名称当中，将产品的门类写进去，也就是体现"面膜"字样。

所以，李经理的淘宝店铺名称可以叫作：唤颜面膜旗舰店。

Tips 如果想要通过淘宝来宣传品牌，那么就可以以品牌名为核心为自己的店铺取名。当然，大多数情况下我们的品牌名称的知名度都不会太大，购买者是无法通过阅读品牌名而得知企业到底在售卖哪些产品的。因此，我们在为淘宝店铺取名时，还应该加上产品的门类。这样，购买者在阅读店铺名称时就能够一目了然地读懂了。

2.3 以动物为导向

看到标题一定有人会哈哈大笑"以动物为导向？"没错，就是以猫、狗、兔子、老虎，这些动物为核心来为店铺取名字。到这里一定有人会问为什么要这么做？这么做的优势又有哪些？在具体的工作当中又该如何来操作？那么本节，就针对这一系列问题进行详细阐述。

2.3.1 以动物为导向取名的优势

拉近距离：与那些不带任何感情色彩的名字相比，以动物为核心为店铺取名能够拉近与购买者之间的距离。让购买者消除陌生感，增加浏览店铺时的舒适度，进而增加购买者在店铺内的停留时间。

增加趣味性，便于记忆：和那些生硬的文字相比，以动物为核心为店铺取名能够增加趣味性。当购买者阅读到店铺名称时，就能够想到对应的动物。这样，就在潜移默化当中帮助了购买者加深对店铺的印象，进而使购买者在无形当中记住店铺。

增加亲和力：与那些冷冰冰的名称相比，以动物为导向进行取名要显得柔和很多。一个个动物的形象就会立刻浮现在眼前，这样就会瞬间使店铺名称变得生动活泼。同时，也更容易被儿童群体接受。

2.3.2 在以动物为导向取名时该注意的问题

那么在日常的工作当中，我们又该如何来为自己的账号取名呢？在一般情况下我们需要做到下列三点。

1. 动物要常见：为了便于记忆，你所找的动物一定要常见，这样购买者在浏览完产品以后才能够记住店铺。但是如果你所寻找的动物根本是不常见的，那么很显然购买者记住动物都费劲，就更别提你的店铺了。

2. 动物要符合店铺风格：这个比较好理解，如果你所售卖的商品针对婴儿，那么就应该找一些诸如海豚、大象这类比较有亲和力的动物来取名。当然，如果你所售卖的产品是刀具、野外生存装备，那么就应该找一些诸如鹰、狼等来进行取名。总之，你所找的动物要符合店铺风格。要让购买者一想起动物，就能够想到你的店铺。

3. 加上一些修饰词和品类词：这一点其实也比较好理解，你选定了动物作为店铺名称，不可能将这个动物名称就作为店铺名称，一定要加上一些修饰词和品类词。这样，才能让购买者清楚地知道你所售卖的东西到底是什么。比如我们选定了猫这种动物，我们的店铺一定不可能直接叫猫，因为我们不是卖猫的而是卖文具的。加上修饰词，店铺名称就可以叫作橘猫文具店。

2.3.3 案例：以安经理的婴幼儿用品店为例解析以动物为导向取名

安经理经营了一家婴幼儿用品店，现在他想要开设一家淘宝店铺，但是却在为店铺取名的时候犯了难。他不知道该如何取名才能让购买者既能够记住店铺，又能够感受到新颖和趣味性。如果你是安经理，你知道该如何取名吗？

根据上方的背景资料，安经理经营的是一家婴幼儿用品店。那么，我们在设定动物时就应该思考一些比较亲和温顺的动物。比如说：小猫、小狗、海豚、兔兔、小猪等。再加上一些修饰词和品类词，安经理的店铺名称就可以为：蓝猫婴幼儿用品店/天狗婴儿用品店/飞猪婴幼儿用品店。

Tips 当我们在以动物为导向取名的时候一定要注意下列三个问题：1. 所选择的动物要常见；2. 动物要符合店铺风格；3. 添加一些修饰词和品类词。只有这样，当购买者在浏览店铺时才能够一下子就记住店铺名称。

2.4 以折扣为导向

很多店家有自己的工厂和渠道可以超低价售卖产品，那么我们又该如何及时快速地将这些产品售卖出去呢？本节就来介绍一个百试不爽的取名方法："以折扣为导向法"。那么这么做的好处有哪些呢？在实操的过程当中又该注意哪些问题呢？下面就让我们来针对这一问题进行详细的探讨。

2.4.1 以折扣为导向取名的优势

增加搜索量：有很多人在购买产品的时候都会去搜折扣，那么如果在店铺名称当中写了"五折、包邮、特惠、低价"等字样，就会大大增加被搜索到的概率，进而形成购买。

提升成交量：可能其他人的店铺也在搞活动，但是却没有写出来，更没有在店铺名称当中体现出来，那么购买者就不会知道他们在搞活动，进而不去浏览他们的店铺。因此，以折扣为导向为店铺取名还能够起到提升成交量的作用。

刺激需求：可能很多人在平时也有购买需求，但是却因为价格昂贵等多种原因而没有来进行购买。这个时候，你浏览到了店铺的名称是厂家五折直销的，那么就会下意识地进行刻意的关注，进而产生了机不可失的想法，从而产生想要购买的欲望。

2.4.2 在以折扣为导向取名时该注意的问题

折扣要持久长期：既然是以折扣为导向为店铺取名，那么就应该注意你的折扣要持久，并且长期。这样，才能够使购买者加深印象，形成习惯。如果折扣只是一段时间，那么建议还是不要以折扣为导向为店铺取名比较好，那样只能给人一种欺骗感。

操作方式要简单：既然是以折扣为导向为店铺取名，那么折扣享用的方法就一定要简单可行有效。千万不要设置太多的门槛。那样，只会让购买者造成误会。而且，在文案当中写明折扣规则也会非常耗费人力物力。

要确实让利：你说五折销售，那么就一定要做到五折销售。不能在店铺名称上写好了五折，但是实际销售时却一折都没优惠。那样，只能让购买者产生一种被欺骗的感觉，进而使购买者对店铺产生负面印象。

2.4.3 案例：以刘经理的女装工厂为例详解以折扣为导向取名法

刘经理经营了一家女装工厂，现在他想要通过开设淘宝店铺的方式来对产品进行清销。但是他却不知道该将店铺名称取什么样子，才能够使购买者一目了然地了解自身价格优势，进而选择购买。如果你是刘经理，知道该怎么做吗？

根据上方的案例资料分析，刘经理开设淘宝店的目的是"对自身产品进行清销"。

他起淘宝店铺名称想要达到的目的是，"使购买者一目了然地了解自身价格优势，进而选择购买。"

因此刘经理凭借自有工厂、工厂直销无中转路费等优势，就可以大打价格战。

他的淘宝店铺名称可以起为"五折女装店、××公司女装直销"。

Tips 如果企业在价格和渠道上拥有优势，想要将价格回馈给新老客户，那么在取店铺名称的时候就不妨以折扣为导向，将价格优势展现给购买者。这样，当购买者浏览店铺时就能够在第一时间辨别需求，进而选择购买了。

2.5 以功效为导向

很多时候购买者是带着需求来到网络上进行购物的，当他们打开淘宝时就会主动搜索所需要的店铺来进行购买。这个时候，取一个以功效为导向的店铺名称就显得尤为重要了。那么以功效为导向的店铺又该如何取名呢？本节，就针对这一问题进行详细阐述。

2.5.1 以功效为导向取名的优势

增加搜索量：在一般情况下购买者在登录淘宝之前就已经确定了自己的需求，因此这个时候我们以功效为导向，就能够大大增加被搜索到的概率。进而，增加了店铺的曝光度。同时，也在无形当中增加了被购买的可能性。

加速认知：众所周知，淘宝上边店铺琳琅满目，购买者根本没有时间通过浏览店铺文案得知你的店铺到底是在售卖何种产品。因此，将功效体现在店铺的名称上，就会加速购买者对于店铺的认知，进而使购买者在短时间内判断到底是否进行购买。

刺激需求：以功效为导向进行取名，便于购买者对于产品功效方面的理解，进而刺激需求。比如要售卖刮痧板，如果只写刮痧板一般人就很难理解我为什么要买刮痧板。但如果在店铺名称上写"疏通血脉刮痧板专卖店"那么购买者就会一目了然，原来刮痧板还有疏通血脉的作用，那么我要买一个。这就在无形当中起到了刺激购买者需求的作用。

2.5.2 在以功效为导向取名时该注意的问题

那么以功效为导向进行取名，就意味着要将自己企业所能达到的服务效果都展示出来吗？答案一定是否定的。在以功效为导向进行取名时也应该注意下列问题：1. 找到企业最具核心竞争力的功效进行主打；2. 好记易懂；3. 功效要确实存在。

1. 找到企业最具核心竞争力的功效进行主打：有很多企业的产品拥有三个甚至五六个功效，那么这个时候很显然，不能将所有功效都体现在店铺名称当中。因此，就要选出一个最具竞争力的功效来进行主打。

2. 好记易懂：如果选择以功效为导向进行取名，那么就一定要注意"好记易懂"的原则。一定要以精悍的语言来概括产品/服务能够达到的效果，这样才能在最大程度上使购买者记住你的产品。

3. 功效要确实存在：一定要注意所撰写的功效须确实存在。比如售卖的是洗脚盆，那么就可以写"足底按摩洗脚盆"，而不能写"脚气脚臭专治洗脚盆"。很显然，一个洗脚盆如果不放额外的药品是不可能治疗脚气脚臭的。因此，在撰写的时候一定要注意自己产品能达到的功效就写进去，达不到的功效就不要写。否则，就会给购买者一种欺诈的感觉。

2.5.3 案例：以王先生的药酒厂为例详解以功效为导向取名

王先生经营一家药酒厂，由于近年来销售业绩不太理想，于是他想要通过开设淘宝店铺的方式来售卖药酒。但是，他却在取店铺名称上犯了难。他的药酒功效太多了：缓解腰酸腿疼、软化血管、延年益寿等。他不知道该怎样取名，才能使购买者一目了然地了解药酒功效，进而选择购买。那么如果你是王先生，知道该如何给自己的淘宝店铺取名吗？

根据上方的背景资料可知，王先生经营的是一家药酒厂。药酒的功效有：缓解腰酸腿疼、软化血管、延年益寿。因此，王经理的药酒就应该主打：中老年人。功效总体概括起来就是：辅助维护中老年人健康养生。所以，王先生的淘宝店铺名称就可以为：

1. 养生药酒厂家直销；

2. ××养生酒专卖；

3. 养生酒××（品牌名称）旗舰店。

Tips 在以功效为导向为自己的淘宝店铺取名时一定要注意：1. 当本企业产品拥有很多功效时，主打其中一个最具竞争力的即可；2. 由于是店铺名称，因此功效要简洁好记易懂。这样，购买者在浏览时才能够在第一时间快速了解产品，进而判断是否拥有购买需求，是否需要购买。

2.6 以销售方法为导向

这种取名方法与以折扣为导向进行取名的方法比较类似，都是通过体现店家优惠力度、让利程度、附加值来进行营销的。与以折扣为导向取名法不同的是，以销售方法为导向进行取名并非在产品的价格上做文章，而是要在销售方法上使劲。那么这种以销售方法为导向的取名方法又该如何来操作呢？它的优势又有哪些呢？本节，就针对这些问题进行详细的解读。

2.6.1 以销售方法为导向取名的优势

辅助销售：以销售方法为导向进行取名，顾名思义就是要将销售政策诸如：九块九包邮、满 XX 元包邮等销售政策写在店铺名称当中。这样，购买者就能够在浏览店铺的第一时间了解到店铺的销售政策，进而形成购买。

增加浏览量：很多人在购买产品之前就已经有了预期，他们希望通过搜索的方法找到自己想要的产品和销售政策。如果在店铺昵称当中添加诸如 "九块九包邮、免邮、满×元包邮" 等字样，就会大大增加被意向客户搜索到的概率，进而选择购买。

体现真诚：试问如果两家店铺产品和价格都差不多，那么购买者会做出怎样的选择呢？没错，他们肯定会选择附加销售政策比较合适的店铺来进行购买。因此，我们不妨就将销售政策体现在店铺昵称当中，这样购买者就可以一目了然地知道店铺到底有何种优惠，进而选择你的店铺来进行购买。

2.6.2 在以销售方法为导向取名时该注意的问题

既然以销售方法为导向进行取名有这么多的好处，那么我们在取名的时候又该注意哪些问题呢？下面，笔者针对这一问题进行详细的解析。

1. 只体现一个核心销售政策即可：如果店铺既有九块九送饰品，又有买一送一，还有满 100 免邮的政策，那么就要从中选出一个最具竞争力的核心销售政策体现在店铺的名称当中。这样，购买者才能够清晰地知道到底店铺的优惠政策是什么。如果一股脑儿将所有销售政策都写在店铺名称之上，那么就难免给购买者一种凌乱的感觉，进而使他们对店铺失去信任。

2. 销售政策要具备通用性：体现在店铺名称上的销售政策一定要具备通

用性，这样购买者才能够得到享用，进而对店铺产生好感。如果销售政策在店铺内不具备通用性，购买者在得知了政策以后无法很好地利用，那么就会产生一种被欺骗的感觉，进而对店铺失去信任。

2.6.3 案例：以王经理的饰品店为例详解以销售方法为导向取名

王经理经营一家饰品店，现在他的店内有满 100 元包邮、纯银戒指买一送一、买项链送耳环的三种销售政策，他想要通过淘宝店铺对自己店内的饰品进行销售。但是，却在店铺取名上犯了难，他不知道该如何取名才能使购买者清晰地得知店内销售政策。那么，如果你是王经理，知道自己的淘宝店铺该如何取名吗？

根据上方的案例分析，王经理的饰品店一共有三种销售政策：满 100 元包邮、纯银戒指买一送一、买项链送耳环。很显然，纯银戒指买一送一、买项链送耳环不具有普遍性，因此，我们在取店铺名称时就应该体现"满 100 元包邮"这个销售政策。因此，王经理的淘宝店铺名称就可以为：××精品店满百包邮、××饰品满百包邮。

> **Tips** 如果店铺内暂时没有什么价格类的促销政策，暂时无法打什么折扣，那么不妨将满××包邮，这类的销售政策体现在店铺名称上，这样当购买者搜索到你的店铺时就能够在第一时间了解并且选择购买了。

2.7 以人物为导向

在浏览淘宝店铺的时候你能经常看到诸如"××大叔的店、卖××的刘大妈、××的蛋糕屋"等类似的店铺名称。那么，你知道这样做的优势在哪里吗？在日常的工作当中又该如何来进行取名呢？本节，就针对这一问题进行详细解析。

2.7.1 以人物为导向取名的优势

拉近距离：与那些传统意义上的店名相比，以人物为导向进行取名更能够拉近与购买者之间的距离。比如店铺名称叫作"卖面包的王叔叔"，那么，购买者就能够非常自然地联想到邻家大叔，进而拥有一种温馨感，增加对于店铺的好感度。

加深记忆：如果店铺名称是以人物为导向的，那么购买者就会非常容易记住。比如"卖鱼的李大哥"，你很自然就能够在脑海里刻画出一位憨厚大哥的形象，然后将鱼和他联系在一起。这样当你再次想吃鱼的时候，就能非常自然地想到这位卖鱼的李大哥，进而来搜索这家店铺。

增加真实感：以人物为导向进行取名有助于增加购买者的真实感，形成代入。比如店铺名称叫作"爱学图书"，很显然，购买者在浏览以后就会产生疑问"爱学和我有什么关系？"进而无法形成互动。但是，如果名称叫作"王老师的图书馆"，那么很显然，学生朋友就会产生好奇"王老师的图书馆里边有什么？"在阅读时就会感觉非常真实。进而，自发地来进行浏览和购买，形成互动。

2.7.2 在以人物为导向取名时该注意的问题

既然以人物为导向进行取名有这么多的好处，那么在取名时我们又该注意哪些问题呢？下面，就针对这一问题进行详细的阐述。

不要再为人物设置名称：既然你是以人物为导向进行取名，那么就一定注意不要再为你的人物设置名称，那样只会让你的购买者在浏览完以后拥有凌乱和冗长感，甚至还会打破神秘感。比如店铺是卖图书的，那么就可以将店铺名称取成"卖图书的李大妈"而非"卖图书的李蓉"。否则，只能使神秘感消失，进而使购买者对店铺失去兴趣。

人物要贴合生活：既然是以人物为导向进行取名，那么就一定要贴合生活。

你在名称当中植入的人物要让购买者在生活当中能够接触得到，比如说大妈、大叔、妹妹、弟弟、大哥、婶婶等。只有这样，购买者才能够还原到现实生活当中去，进而使他们感受到温馨。

人物名称要广义：在以人物为导向进行取名时一定要注意人物群体要具备广泛意义，而非狭义。比如说，店铺名称取为"老刘的咖啡馆"。很显然，这个世界上姓刘的人很多，每个人都会遇到一两个，这样很容易就会产生共鸣。如果店铺名称为"刘恒咖啡馆"，那么有些购买者就不会产生共鸣了，毕竟并不是所有人都能遇到叫"刘恒"的朋友的。

2.7.3 案例：以方经理的鲜花店为例详解以人物为导向取名

方经理经营了一家花店，现在他想要通过开设淘宝店铺的方式来在网络上售卖鲜花。但是，却在取名字上犯了难，他不知道该如何取名，才能让购买者迅速记住店铺，营造温馨的感觉。如果你是方经理，知道该如何取名吗？

根据上方的案例分析，方经理经营的是一家花店。他取淘宝店铺名称想要达到的目的是：让购买者迅速记住店铺，营造温馨的感觉。因此，方经理就可以以人物为核心进行取名，可以将店铺名称取为"卖花的方大叔"。

> **Tips** 如果店铺想营造一种温馨、贴近生活的形象，那么就不妨使用以人物为导向进行取名的方法。当然，在取名时一定要注意：1. 不要再为人物设置名称；2. 人物要贴合生活。这样，所取的名字才能够更加贴近生活，更容易使购买者触景生情联想到你的店铺，进而增加成交概率。

2.8 以人群特征为导向

我们在日常的生活当中，会发现总有一些人喜欢同类事物。比如说，有一群人喜欢森系服装；还有一些人喜欢二次元。那么就有一些淘宝店主看中了这一点，在淘宝店铺名称当中添加人群属性特征。那么你知道这样做的好处是什么吗？在实际工作当中又该如何依据人群特征为导向为店铺进行取名呢？本节，就针对上述问题进行详细解析。

2.8.1 以人群特征为导向取名的优势

增加搜索量：有些人因为喜欢特定的事物，因此在购买东西的时候就会进行主动搜索。比如喜欢森系服装的人群就会主动搜索森系系列的衣帽箱包、喜欢二次元的人群就会主动搜索二次元周边的产品等。因此，我们将人群特征体现在店铺名称当中就会在无形当中增加搜索量，进而提升店铺销量。

增加好感度：要知道在日常的生活当中，有很多习惯是不被大众熟知的，不进入那个圈子就无法完全了解他们。如果掌握了这些特定人群的特征，并且在店铺名称当中进行体现，就会让这部分人感觉到亲和力，瞬间拉近了距离。比如朋克、嘻哈以及一些小众乐器。

2.8.2 在以人群特征为导向取名时该注意的问题

那么在以人群特征为导向进行取名时又该注意哪些问题呢？下面，就针对上述问题进行详细的解析。在一般情况下，我们需要思考下列问题。

1. 熟知特定人群的特征：比如你做的店铺是洛丽塔服装，那么你就应该了解这群人为什么会喜欢洛丽塔服装，平时这群人在生活当中是否也穿这样的衣服，当身边的朋友知道他们喜欢这些服装的时候，又是什么样的表现，以及在这个圈子里是否定期都有聚会与交流等。这样，你取的店铺名字才能被这个圈子的人所接受，让他们感受到你的店铺非常专业，进而选择在你的店铺内进行购买。

2. 名称要短小精悍：无论你的店铺圈定了哪些特定人群，都需要将店铺名称起得短小精悍，这样购买者才能够一目了然地知道店铺到底在售卖何种产品，面向的是何种人群。否则，就会给购买者造成阅读障碍，进而放弃浏览。

2.8.3 案例：以王经理的智能穿戴店为例详解以人群特征为导向取名

王经理经营一家智能穿戴实体店，现在他想要在淘宝这一平台上开店，将智能穿戴通过淘宝这一平台进行售卖。但是，他却在取店铺名上犯了难，不知道该怎样取店铺名称才能快速找到同好购买者。那么如果你是王经理，知道该如何为店铺取名吗？

根据上方的背景案例资料显示，王经理的店铺主营：智能穿戴。因此他所面向的人群就应该是"喜欢未来科技、黑科技、智能穿戴的人群"。所以，王经理的店铺名称应该取为：极客装备园、智能生活旗舰店、黑科技、王大叔的黑市等。

> **Tips** 当我们想要拉拢一部分人群，将商品卖给他们时，我们就可以以人群特征为导向为自己的店铺取名。当然，在取名的时候一定要注意下列问题：1. 熟知特定人群的特征；2. 名称要短小精悍。只有这样，店铺名称才能更具针对性，被意向客户所喜爱。

第 3 章　店铺主页文案该如何设计

Chapter Three

店铺主页是一个店铺的门面，那么我们又该如何设计文案才能使购买者一目了然地了解店铺所售产品以及近期的销售政策呢？本章，就针对这一问题为你进行详细讲解，帮助你设计好店铺主页的文案。

3.1　店铺主页该包含哪些内容

当你浏览了一个店铺以后，你最想知道什么？没错，一定是店铺的产品种类、有何销售政策、主打的产品有哪些？如果知道这家店铺一般都售卖何种风格的衣服，那就再好不过了。到这里，想必你也有所了解淘宝店铺主页文案应该包含哪些内容了。

3.1.1 淘宝店铺主页应该包含何种内容

产品种类：这个自然不用多说就是在淘宝店铺设置产品种类导航，让购买者一进入店铺就能够清楚地知道店铺到底在售卖哪些产品，这样购买者才能够根据自身需求来有选择地进行购买和查阅。

主打爆款：每一个淘宝店铺都应该有一个主打爆款进行展示，这样才能够让购买者非常清晰地了解时下最新最流行的产品到底是什么，进而刺激自身需求进行购买。如果店家在店铺首页不展示爆款，不做引导，那么就会在无形当中造成意向客户的流失。

销售及优惠：有些时候购买者非常有可能有购买需求，但是却因为价格等问题一直处于搁置状态。因此，这个时候我们就可以将销售政策和优惠政策写在店铺主页上，这样购买者就可以在第一时间阅读到，进而在无形当中提升店铺的销量。

产品陈列：首页的产品陈列也不容小视，产品陈列就是将产品平铺在店铺主页的某一位置，这样购买者才能够对店铺产品拥有初步认知，进而选择购买或者不购买我们的产品。

除了上述的内容之外，为了方便购买者进行购物，以及及时解决遇到的问题，我们还需要将客服、店铺联系方式、店铺微信、案例等相关信息在店铺首页进行展示，那么这么做又有哪些好处呢？下面，就让我们来进行详细分析。

客服：这个比较好理解，为了及时解答购买者在浏览店铺时遇到的问题，我们就有必要在店铺首页展示客服。这样，购买者仅需按下客服按钮就能够及时进行咨询。这也会在无形当中提升店铺的销量。

店铺联系方式：有些时候在线客服可能不会在线，而且有些购买者购买的是贵重物品或者定制物品，那么这个时候就涉及电话沟通了。因此，一定要在店铺的主页留一个电话/QQ/微信，让购买者无论在何时都能够找到你。这样，才能确保订单不至于流失。

案例：这是根据产品而定的，有些店铺所售卖的产品是化妆品或者服务等，那么就需要在店铺主页展示过往案例以及对比。这样，购买者才能够清晰地了解产品效果，进而缩短购买者的决策时间。

当然，除了上述内容我们还需要针对店铺的信誉、营业执照等基本信息进行展示，这样才能消除购买者对于店铺的戒备，增加好感度，进而选择在店铺内进行购买。

3.1.2　在撰写淘宝店铺主页文案时该注意的问题

叙述简明扼要：要知道淘宝店铺主页需要全方位展示店铺的相关信息，因此在叙述上就一定要简明扼要，要让购买者毫不费力地获取到信息。这样，购买者才能够根据自身需求进行购买和有针对性地浏览店铺。

每个模块内容要区分开：众所周知，淘宝店铺主页要展示若干个模块的内容，因此模块和模块之间就要区分开。这样，购买者才能够根据需求找到自己所需要的模块进行浏览。同时，将各模块区分开来也能给人一种专业、整洁的感觉，进而增加好感度。

核心内容重点展示：对于店铺想要特别让购买者了解的核心内容，一定要做重点展示。而且，要展示在店铺主页的核心位置，这样购买者才能够快速抓住店铺的核心卖点，进而根据需求进行浏览。

> **Tips**　在撰写淘宝店铺主页文案的时候，我们需要注意：将店铺的基本信息发送给购买者，其中包括：产品种类、主打爆款、销售及优惠、产品陈列、客服、店铺联系方式、店铺微信、案例、信誉及营业执照，等等。同时还应注意在叙述时要：1. 简明扼要；2. 各个模块内容要区分开；3. 核心内容重点展示。

3.2 店铺头图文案该如何撰写

众所周知,每个店铺都会拥有一个头图,那么这个头图文案又该如何来进行撰写呢?怎样撰写店铺头图文案才能够起到吸引购买者继续浏览店铺,甚至产生购买需求的作用呢?本节,就针对这些问题为你进行详细阐述。

3.2.1 店铺头图文案应该突出什么

众所周知,店铺头图是整个店铺主页的核心位置,因此一定要突出店铺的核心竞争力。在一般情况下,店主们都会突出以下三大内容。

1. 爆款商品:爆款商品比较好理解,就是要将本店最受欢迎的产品展示在店铺头图的位置之上,这样当购买者来浏览店铺的时候,就能得知近期店铺热销的产品有哪些,进而有选择性进行浏览了。

2. 案例与功效:很多时候大众在购买产品时都渴望知道产品的效果能够达到何种程度以及店铺的实力是怎样的,那么我们不妨就将案例和功效展示在店铺头图文案的位置。这样,能够加深购买者对于店铺的认知,进而决定是否进行购买。

3. 近期活动:当店铺举办活动/拥有大型促销政策时,有些时候为了起到提醒购买者进行购买,刺激购买需求的作用,也会在店铺头图上来进行展示。这样,购买者在浏览的时候就会一目了然地了解店铺近期的活动和促销政策是什么,进而有针对性地进行购买了。

3.2.2 店铺头图文案在撰写时该注意哪些问题

避免冗长:不管你在店铺的头图位置放置怎样的文案,都应该做到简洁,避免长篇大论。这样,阅读者才能够清晰地了解店铺,进而根据自身需求决定是否购买。如果头图文案比较冗长,那么就会给购买者一种头重脚轻和凌乱的感觉，进而失去浏览店铺的兴趣。

干净整洁：头图文案一定要干净整洁，这样才能树立起一种干练、严谨的店铺形象，使购买者认为你店铺的实力比较雄厚。如果头图做得特别花哨，而且有种凌乱感，那样购买者就会认为店铺的实力不足，进而放弃浏览。

围绕一个卖点进行突出：店铺的头图文案最好围绕一个卖点进行突出，这样购买者才能加深印象并且记住这家店铺现有的主打优势和活动都有哪些。如果店铺头图一股脑体现了多个卖点，就会给购买者一种杂乱感，进而忘记这家店铺都有哪些优势和活动。

> **Tips** 店铺头图文案在一般情况下都会展示两种内容：1. 爆款商品；2. 案例与功效。当然，在撰写头图文案时应该注意：避免冗长、干净整洁、围绕一个卖点进行突出。这样，购买者才能够清晰地掌握店铺近期动态，进而根据需求决策是否购买。

3.3 如何通过店铺主页文案烘托店铺风格

很多店主为了使购买者能够记住店铺都会为店铺营造一种特殊的风格，比如说森系就会营造一种小清新的感觉，如果是朋克就会往酷炫时尚方面去营造，文案也偏向于洒脱外放。那么，企业这么做的目的又是什么呢？我们在实际的工作当中又该如何通过店铺主页烘托店铺风格呢？本节，就针对这一系列问题为你进行详细解析。

3.3.1 为什么要在店铺主页烘托店铺风格

树立形象：众所周知，无论你在淘宝上卖何种东西，都会有诸多竞争对手。那么我们又该如何在诸多卖家当中突出重围，让购买者选择在自己的店铺进行购买呢？没错，就是给购买者加深印象，通过特殊风格的营造让购买者认可店铺的实力。当一家风格统一、文案专业的店铺出现在购买者眼前时，相信没人会选择拒绝的。

营造代入感：众所周知，有很多穿衣风格是大众所不熟知的，当然购买者在购买时也无法想象到我穿上之后，能够达到何种效果。因此，这就需要卖家在文案和图片上进行修饰了。要为卖家营造出那种氛围，这样购买者才能够身临其境，进而根据自身需求选择是否购买。比如说，朋克就要营造酷炫氛围；古风就要营造古色古韵、温婉恬静的感觉。

增加品牌画像：当购买者在阅读店铺主页时了解了店铺风格，就会在无形当中对店铺加深印象。这样，当日后产生购买需求时，就会在第一时间想起店铺，进而浏览购买。如果店铺没有在主页塑造店铺风格。那么，购买者自然会对店铺产生不了什么实质性的记忆。进而，随着时光的推移，就逐渐地淡忘了店铺。

3.3.2 我们该如何烘托店铺风格

在烘托店铺风格之前，我们首先要做的就是"知道自己的店铺到底适合哪种风格。"这就涉及为店铺定位的问题了。到这里一定有人会说，店铺卖那么多东西，我该如何来定位呢？事实上，我们首先应该做的就是：减法。

我们要确定自己店铺内主要经营的东西有哪些？然后再根据主要经营的产品对店铺进行定位。比如说我们的店铺卖鲜花、也卖蛋糕。但是，我们是一家专业做蛋糕的公司，那么我们店铺主营的产品就应该是：蛋糕。因此，在撰写文案的时候就应该偏重于蛋糕这个主业来进行宣传。

确认好店铺的风格之后，我们还要针对产品进行逐一包装，使整个店铺的风格保持一致。这样，购买者才能够被切实地带入到销售该产品的氛围当中。

当然，做好上述这些还不够，我们还需要拟定一个顺口的广告语。这个广告语，就是营造店铺风格的核心。广告语可以出现在任何产品的详情页当中，进而通过反复出现，刺激购买者对店铺加深印象，并且在有需求的时候首先想到我们的店铺。比如说，我们的店铺是售卖健康食品的。那么广告语就可以写成"选择××（品牌名），畅享绿色生活。"

到这里，一定有人会感觉非常乱，那么笔者就将思路总结出来，供大家在日后的工作中参考使用：

1. 对店铺进行定位，确定店铺的主营产品及对应风格。

2. 将商品的文案进行优化，并与店铺整体风格保持一致。

3. 根据店铺的风格拟定广告语，刻意营造氛围。

4. 注意日常运营，保持店铺风格的一致性。

Tips 如果你想要使购买者记住店铺，并一目了然地记得店铺主要的经营方向，那么就一定要通过店铺主页来烘托店铺的风格。在烘托店铺风格时一共分为4部分：1. 对店铺进行定位，确定店铺的主营产品及对应风格；2. 将商品的文案进行优化，并与店铺整体风格保持一致；3. 根据店铺的风格拟定广告语，刻意营造氛围；4. 注意日常运营，保持店铺风格的一致性。

3.4 如何通过店铺主页文案凸显店铺活动

当我们的店铺内拥有活动时又该如何展示给购买者，让购买者一目了然地知晓并根据自身需求来进行购买呢？那么在这里，就涉及店铺活动展示的问题。作为卖家，我们又该如何将店铺活动在店铺主页文案中进行体现呢？本节，就针对这些问题为你进行详细讲解。

3.4.1 将店铺活动在店铺主页进行展示的方法

增设模块连接：这个比较好理解，就是在店铺主页增设活动模块连接。让购买者一浏览店铺，就能够非常直观地了解到店铺目前正在举办什么活动。进而，根据自身需求来进行浏览，并决定是否购买。

将活动做成店铺头图：这是一种比较讨巧的方法，当店铺活动确定后，我们可以根据活动制作一个店铺头图。这样，购买者在浏览店铺的时候就能非常醒目地看到目前店铺正在做的活动。这样，有购买需求的人群就会及时地进行参与和购买。

利用色差突出：如果你不想将活动展示在店铺醒目的位置，那么利用色差突出法将店铺活动展示在店铺主页的某个角落也是不错的选择。这样购买者就可以在强烈色差的对比下注意到目前店铺正在做的活动有哪些，进而根据自身需求选择是否购买。

3.4.2 将店铺活动在店铺主页进行展示时该注意的问题

注意活动有效期：要知道有些活动是有有效期的，因此一定要每一天都翻看一下，你所展示的活动到底是否在有效期之内。如果不在有效期之内，就应该尽快撤下来，这样才能避免造成购买者误会。

注意活动门槛：很多活动都是有门槛的，这一点一定要在活动中进行说明，这样活动的参与者才能够感受到诚意。否则，就会给购买者一种欺诈的嫌疑，进而影响购物体验。

对客服人员进行培训：在你的店铺发起活动之前，一定要对客服人员进行充分的培训。要让你的客服人员知道这次活动该怎样进行，购买者该怎样使用折扣。这样，当购买者有疑问的时候，客服人员就能够在第一时间进行解答了。否则，就会给购买者一种不愉快的购买体验。

Tips 如果你想要在店铺主页对活动进行展示，那么就一定要注意：1. 活动的有效期；2. 活动门槛的设置；3. 对客服人员进行培训。只有这样，购买者才能够得到良好的购物体验，进而对店铺有好的印象。

3.5 如何通过店铺主页文案突出爆款商品

众所周知，爆款商品是一家店铺的核心。但是打造爆款却成为了很多卖家的难题。那么爆款商品该如何打造呢？又该如何通过店铺主页文案突出爆款商品呢？本节，就针对这一系列的问题为你进行详细的阐述。

3.5.1 爆款商品该如何打造

爆款商品该如何选定，如何打造，成为了很多新手卖家的难题。事实上，爆款产品的打造一共分为五步：1. 浏览比较，2. 需求评估，3. 购买行为评估，4. 回购率评估，5. 性价比评估。

1. **浏览比较**：这一步比较好理解，就是通过海量的搜索和浏览，比较一下哪款产品是目前大众最为喜爱的，哪款产品卖得比较好。

2. **需求评估**：将自己的身份设定为购买者，然后按照购买者的行为习惯去浏览和比较，评估购买者是否拥有真正的购买需求。产品是否在生活当中能够被多次、大面积地使用。

3. **购买行为评估**：这一点非常重要，就是评估产品是否值得购买。主要看产品质量、价格、产品价值，站在购买者的立场是否能够接受并且乐于购买。

4. **回购率评估**：要知道做生意讲究的是细水长流，薄利多销，因此一定要观察你所设定的爆款商品是否能够被购买者回购。只有这样，你的爆款产品才能够被真正地打造出来。

5. 性价比评估：在打造爆款商品之前，还应该针对商品的性价比进行评估，详细掌握产品在质量和价格方面是否能够形成平衡。如果商品性价比高，那么自然不用多说，购买者就会主动选择购买。如果性价比低，那么就算你用再好的促销政策和文案来进行包装，恐怕也很难有人会主动购买的。

3.5.2 如何通过店铺主页文案突出爆款商品

增加爆款商品的曝光渠道：如果你想要打造爆款商品，千万不要抱着酒香不怕巷子深的心态来进行运作，一定要尽可能地为店铺内的爆款商品寻找多种曝光途径；不仅仅是在淘宝平台之内，还可以在全网络进行布局。最好让网友一上网，就能看到你的爆款产品，这样才能在最大限度上增加爆款商品的曝光率和成交量。

在店铺的明显位置展示爆款商品：在店铺内也要做好对爆款文案的展示，可以在店铺主页头图位置进行展示，还可以在每一个商品的详情页中展示爆款商品，更可以给予爆款商品一个特殊展示模块。这样，才能让购买者一目了然地知道时下的流行风向以及店铺的爆款商品都有哪些。

> **Tips** 爆款商品的打造重点在于爆款商品的寻找，在一般情况下一共分为五个步骤：1. 浏览比较；2. 需求评估；3. 购买行为评估；4. 回购率评估；5. 性价比评估。这样，才能在最大限度上使你的爆款商品形成引爆。当然，在撰写文案和宣传的时候也要注意：1. 增加爆款商品的曝光渠道；2. 在店铺的明显位置展示爆款商品。

3.6 如何使购买者迅速通过店铺主页找到想要的商品

很多购买者都会遇到这样的问题：明明这个店铺的风格与产品我都喜欢，但是却总也找不到想买的。这家名牌店铺打折，我想要买些实惠的物品，但是一页页的商品浏览下来精疲力尽还找不到喜欢的。作为卖家，这些问题你都了解吗？那么本节，就来教给你如何使购买者迅速通过店铺主页找到想要商品的方法。

3.6.1 使购买者迅速找到想要的商品的方法

建立分类：建立分类这个比较好理解，就是将店铺内的产品按照一定方法进行归类。比如说你的店铺中有帽子、裤子、连衣裙、箱包、鞋子。那么，就可以按照商品的种类进行分类，分为：鞋帽、箱包、裤装、裙装。这样，购买者才能够一目了然地根据自身需求有选择性地浏览。

将实惠物品突出展示：如果店铺内确有实惠的物品，不妨就设置一个模块来统一地进行展示。这样，购买者就能够根据提示进行重点浏览了。除此之外，将实惠物品重点突出展示在店铺主页头图或者各个商品的详情页内也是个不错的选择。

设置卖家推荐：卖家推荐也是卖家向购买者展示商品的渠道，现在有很多购买者也喜欢听从卖家的安排，进行从众购买。因此，卖家就不妨根据自己的认知来为购买者推荐一些店内的爆款。这样，购买者就能够在收到提示后，进行浏览或购买了。

关键词插入法：有一些购买者在购买之前已经有了心理预期，因此他们会直接搜索想要的商品进行购买。因此，我们在为商品撰写标题或详情页等相关文案时就应该植入一些相关的关键词。这样，购买者就能够直接在店铺内搜索到想购买的商品了。

3.6.2 在具体操作时应该注意的问题

注意商品的丰富性：对于卖家推荐、将实惠商品突出展示这两种方法，一定要注意商品的丰富性，这样才能够迎合不同类型的购买者，进而刺激所有的购买者浏览店铺。如果在使用这两种方法时产品过于单一，那么就会造成购买者的误解。让购买者认为店铺的商品过于单一，进而放弃浏览店铺。

商品一定要质优价廉：无论你选择以怎样的方式来展示商品，都需要确保商品的质优价廉。这样，才能建立起购买者对于店铺的信任，进而增加在店铺内的逗留时间。如果所展示的产品价格过高，或者质量看起来不好，那么购买者则会认为店铺的商品这样低劣，进而放弃浏览店铺。

商品不宜太多：即便你对店铺内的商品进行了分类，或者已经为商品植入好了关键词，也要注意店铺内的商品不宜过多。如果太多，就会给人一种压力感，当然也会使购买者有一种无力浏览的感觉。进而，使购买者放弃在店铺内的逗留。

> Tips　如果你想要让购买者快速通过店铺主页找到想要的商品，那么就一定要注意使用下列方法：建立分类；将实惠物品突出展示；设置卖家推荐；关键词插入。当然，在使用的过程当中也要注意：商品的丰富性、商品一定要质优价廉。

3.7　如何使购买者迅速找到店铺联系方式

在生活中有很多人在浏览店铺以及商品时会遇到问题，这个时候就需要购买者通过与客服进行沟通解决了。如果这个时候，购买者无法准确快速地找到店铺联系方式，就会造成客户流失。因此，对于卖家而言，让购买者迅速找到店铺联系方式是重中之重，那么本节我们就来针对这一问题进行详细探讨。

3.7.1　该如何展示店铺联系方式

在店铺主页进行展示：这个自然不用多说，一定要在店铺的主页展示店铺的联系方式，这样购买者才能够在第一时间找到并进行询问，进而确定是否购买产品。

在宝贝详情页进行展示：这个主要是便于购买者在购买的过程中进行咨询。可能你设置了在线客服，但是总有购买者想要与你电话交流，因此一定要在宝贝详情页中留下店铺的联系方式，这样才能满足不同需求的购买者。

3.7.2 展示店铺联系方式的方法有哪些

不要只留在线客服：这一点非常好理解，在线客服虽然方便，但总给人一种不真实感。购买者很多时候对于客服是否在线根本心里没底，因此除了在线客服之外，微信、电话等联系方式也要对购买者进行告知。这样，才能让具备不同咨询需求的购买者都得到及时有效的咨询与解答。

所留联系方式要真实有效：既然你已经留下了电话和微信等联系方式，那么就应该开诚布公，所留下的联系方式一定要真实有效。这样，购买者才能够在第一时间找到相关负责人，咨询与解决问题。如果所留联系方式不真实，电话打不通或者联系不到，那么购买者就会对店铺产生一种不信任感，进而影响购买决策。

客服人员要专业：无论是在线客服还是电话/微信客服，一定要对产品拥有认知度，能够及时解决购买者咨询的问题。这样，购买者才能够拥有良好的购买体验。如果购买者咨询客服时问题没有得到解决，那么购买者就会对店铺的专业性进行质疑，进而影响购买决策和回购率。

联系方式要好记：既然你已经留了联系方式，那么就一定要尽可能地使你的电话号码或者微信号容易被记住。这样更加便于购买者在遇到问题时，及时联系到客服进行解决和沟通。如果不好记，那么购买者很可能就需要反复记忆，或者在有需要时想不起来联系方式，还得去反复查阅，造成麻烦。

> **Tips** 在电子商务时代，让购买者迅速并且快速地找到你的联系方式，不仅有利于购买者快速了解你的店铺，快速对是否购买产生决断，还能够帮助你在无形当中提升店铺销量。因此，我们不仅要将店铺联系方式

展示得更加清晰，还必须要确保：1. 所留联系方式真实有效；2. 客服人员的专业程度；3. 所留联系方式要好记。这样，才能给购买者一种非常完美的购物体验。

3.8 如何通过店铺主页文案刺激购买需求

作为淘宝新手卖家一定有这样的疑惑："都是在卖同样的东西，为什么购买者不愿意在我的店铺里买？为什么店铺已经开了一段时间，可是销量就是不见涨？"那么本节，就针对这一系列问题为你进行详细解答，告诉你该如何通过店铺主页文案刺激购买需求。

3.8.1 通过店铺主页文案刺激购买需求的方式

将折扣/活动展示出来：这一点非常重要，如果店铺搞活动或者打折促销，那么就一定要展示出来。这样，购买者才能在第一时间了解到店铺目前的活动都有哪些，进而，有选择地进行浏览和购买。如果客户连目前店铺的活动/折扣都无法得知，那么也就别提购买了。

做带有冲击力的图片：千万不要小看图片的作用，如果你将折扣/活动做成带有冲击力的图片，那么就会大大加深购买者的记忆。就算购买者暂时没有购买需求放弃了浏览，也会在日后有需求时第一时间想起店铺进行购买。

将优势产品率先罗列：如果店铺有优势产品，诸如一些价格上明显低于同行，或者同行无法仿制的商品，那么一定要展示在店铺主页，并且给予明显的位置。这样，购买者才能在第一时间心领神会，进而根据自身需求决定是否来进行购买。

关键词中夹杂活动词语：当然，这是一种非常简单的方法，就是在商品的关键词当中夹杂诸如"五折、满百包邮……"等活动词语。这样，就会大大提升被购买者搜索到的概率。就算购买者事先不知道店铺，没主动浏览店铺，也能在搜索后根据需求浏览你的店铺，进而在无形中提升店铺的转化率。

3.8.2 在操作时应该注意的问题有哪些

言简意赅：这个比较好理解，无论你做的是图片还是文案，一定要注意言简意赅。要让你的购买者能够清晰地看懂你所表达的意思到底是什么，就可以了。千万不要炫技，给购买者造成理解上的障碍。

做好市场调查：在展示具备竞争力的产品时一定要注意做好市场调查，要切实地知道购买者到底中意的点在哪里？自己店内的产品到底在哪些方面不具备复制性？哪些产品能够让购买者动心？这样，才能确保所展示商品的确具备竞争性，能够起到引导购买者浏览的作用。

展示时要醒目：无论是展示折扣还是展示产品，一定要确保醒目。这样，购买者在浏览店铺的时候，才能够注意到，并且产生兴趣主动浏览。如果展示得不够醒目，就会让购买者一扫而过，进而在无形中损失了诸多有意向的客户。

> **Tips** 如果你想要通过店铺主页文案刺激购买需求，在一般情况下有四种方法：1.将折扣/活动展示出来；2.做带有冲击力的图片；3.将优势产品率先罗列；4.关键词中夹杂活动词语。当然，在操作的过程当中也要注意：1.言简意赅；2.做好市场调查；3.展示时要醒目。

3.9 在装修店铺主页时该注意的其他问题

在装修店铺主页的时候，有很多人都会疑惑：到底该怎样才能吸引更多的人来进行购物？到底该怎样装修才能使购买者更加长久地停留在店铺当中？其实，想要做到这一点并不难，下面笔者就和你进行详细探讨。

店名清晰：店名清晰这一点非常重要，只有你取了一个相对清晰，让大众都看得懂的店名，才能够使购买者在购买的时候第一时间读懂并记住。如果店名不够清晰，那么很显然大众无法快速记住，自然就不会在想要购买时想到你的店铺了。

主营项目要清晰：店铺的主营目标一定要清晰，要让购买者知道这家店铺主要卖的是什么？是日用品还是文具？是娃娃还是鲜花？是衣服还是箱包？这样，才便于购买者针对需求进行记忆。进而，在有需求时想到你的店铺。如果你的店铺什么都卖，但购买者有需求时又找不到自己想要的东西，那么久而久之就会使购买者对你的店铺失去兴趣。

展示产品不用太多：诚然，我们需要在店铺的主页展示商品，但是展示的时候又不宜过多。过多的商品会使购买者有一种凌乱感，进而失去购买意愿。因此，在主页商品展示时，我们只需要挑选出几十种比较实用、比较具备竞争力的商品来进行展示即可。

迎合浏览习惯：在你装修完店铺主页时一定要注意购买者的浏览习惯，尽可能主次分明，迎合"E"型与"F"型的浏览顺序。这样，才能使购买者更加乐于接受你的店铺，进而形成购买。

找多人尝试：在装修完店铺以后，我们还需要找多人进行尝试。千万别小看这一步，它可以帮助你利用短时间找到店铺存在的问题。当然，尝试的人员没必要非得是多么棒的营销专家。可以是你的父母，或者叔叔阿姨，甚至小孩子都可以。要尽可能地让他们说出真实感受。这样，才能够使你的店铺更加迎合大众习惯，规避购买者在阅读时可能出现的问题。

主次分明：在装修店铺主页的时候，一定要注意主次分明。要让购买者能够一目了然地知道店铺想要将哪些东西展示给我？主要售卖的是哪些东西？哪些东西/活动是店铺主打的。这样，购买者才能够根据自身需求进行适当的关注和浏览。

> **Tips** 在装修店铺主页的时候，一定要做到：1. 店名清晰；2. 主营项目要清晰；3. 展示商品不宜太多；4. 迎合浏览习惯；5. 找多人尝试；6. 主次分明。只有这样，购买者才能够利用最短的时间快速了解店铺，进而根据自身需求来进行浏览和购买，有侧重地关注自己喜爱的商品。

第 4 章　如何提取关键词

Chapter Four

对于淘宝卖家而言，提取关键词是重中之重，那么我们应该如何提取关键词才能在最大程度上提升被购买者搜索到的概率呢？如何使用关键词才能使购买者快速找到自己想要的商品呢？本章，就针对这一系列问题与你进行详细探讨。

4.1　如何利用工具确定关键词

说到提取关键词，想必有很多人会瞪大眼睛并询问：“有没有什么工具可以帮助我们快速找到适合的关键词？”那么，在这里我要告诉你的是"不仅有，而且有很多。"什么？不信？那么下面，就为你进行逐一讲述。

4.1.1 利用工具提取关键词的方法有哪些

首页搜索下拉框：这是一种最简单最基础的关键词提取方式，你只需要将产品输入在搜索框之内，下拉框就会自动匹配关键词。

如图 4-1 所示，当我们输入产品"女裙"后就会自动匹配女裙秋、女裙子、女裙子夏、连衣裙等关键词。这时，我们就可以根据搜索下拉框自动匹配的关键词来进行筛选。找到适合自己店铺商品的关键词后，进行编辑即可。

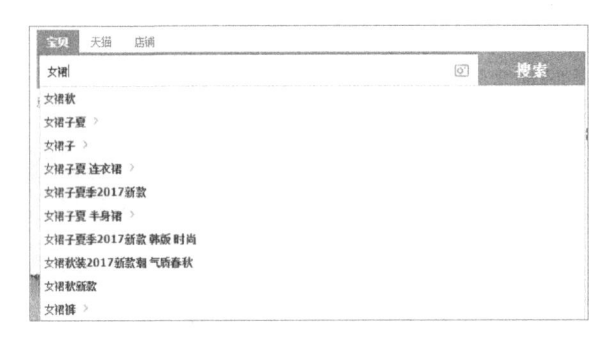

图 4-1 淘宝搜索下拉框自动匹配关键词

淘宝排行榜：目前淘宝排行榜的入口为"top.taobao.com"。在这里我们不仅可以了解大众目前都在关注什么（如图 4-2 所示），还能看到目前各品类成交量比较高的商品都有哪些（如图 4-3 所示），各品类最近热搜的关键词都有哪些（如图 4-4 所示），各品类有搜索上升趋势的关键词有哪些（如图 4-5 所示）。这样，你就可以根据自身需求有针对性地进行调整了。具体说明如下。

在图 4-2 中，我们可以看到一日与一周的关注热门商品都有哪些，关键词都是什么。这样，你就可以根据店铺自身情况来进行调整了。

在图 4-3 中，我们点击后面的这些品类，在页面当中找到"销售上升榜"就可以看到该品类下销售比较好的商品都有哪些了。查看它们的关键词，你就可找到调整自身店铺商品关键词的方式了。

在图 4-4 中，我们可以清晰地看到该品类下最近热搜的关键词有哪些。你只需要根据自身需要来进行调整即可。

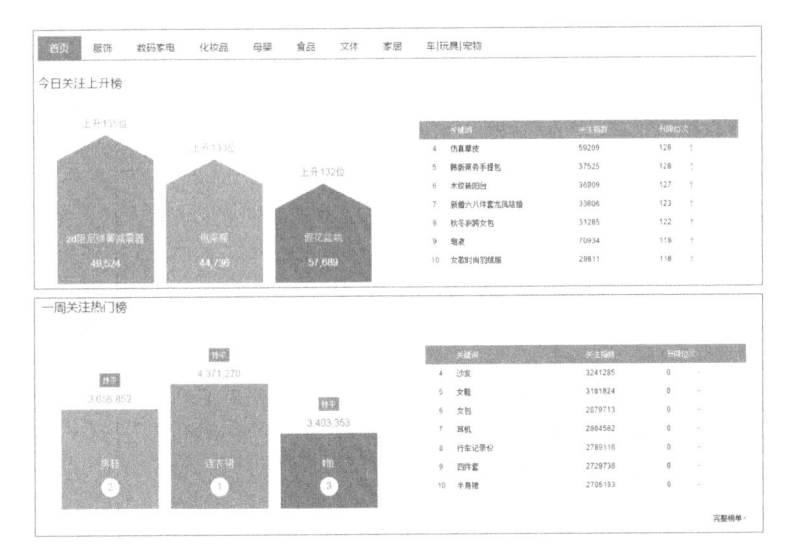

图 4-2　日关注上升榜及一周关注热门榜展示

图 4-3　各品类销售上升榜展示

图 4-4　各品类最近热搜的关键词展示

在图 4-5 中，你只需点击品类和"搜索上升榜"，就能够清晰地知道各品类最近具备上升趋势的关键词都有哪些，进而可根据店铺的自身需求来进行调整了。

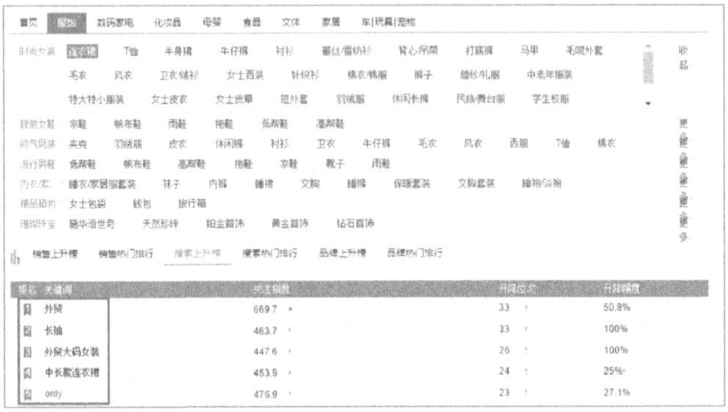

图 4-5　各品类有上升趋势的关键词展示

卖家中心运营助手：在卖家中心店铺运营助手中，我们也能看到最近热搜的关键词到底有哪些。

如图 4-6 所示，我们仅需点击进入店铺运营助手，点击热搜关键词，就能看到最近 7 天内关于店铺热销商品的买家热搜的关键词。这样，卖家就可以进行及时的调整和编辑，争取最大搜索量了。

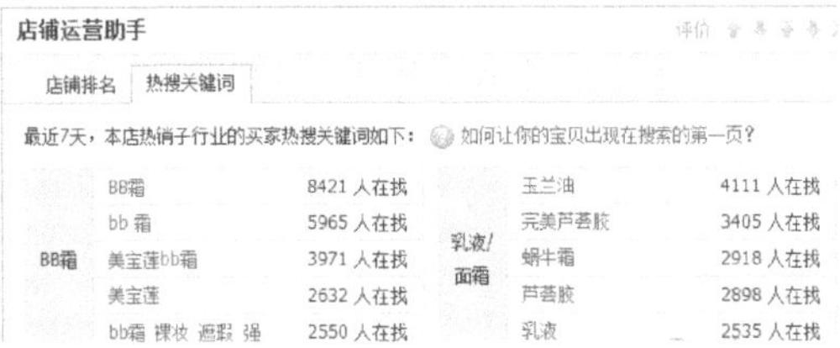

图 4-6　店铺运营助手近期热搜关键词展示

直通车：你只需要在直通车中选择关键词，直通车就会自动地为你进行匹配。你只需要根据店铺的需求，进行适当调整即可。

4.1.2 利用工具提取关键词时该注意的问题有哪些

热门不是唯一标准：要知道搜索量大的关键词，竞争压力也很大，即便你将关键词写在商品标题当中，有些时候也未必能够被购买者搜索得到。因此，切不可仅凭搜索量的多少来使用关键词，而要选择一些具备一定流量、但竞争又不太大的关键词。

找一些易懂的词语：有些时候推荐的关键词也会让人非常费解，或者干脆不是一个词。这个时候，我们就要选择一些易懂的关键词。这样，才不至于给购买者造成阅读上的障碍。

4.1.3 案例：以王经理的男装店为例详解关键词的提取方法

王经理最近经营了一家男装店，现在他想要售卖男士 T 恤，但是却不知道该设置怎样的关键词？那么如果你是王经理，你知道该如何找到适合自己的关键词吗？

根据上方的背景案例资料显示，王经理想要做的事情是"售卖男士 T 恤，并找到相关关键词。"那么根据本节前面所讲述的方法，我们就应该搜索男士 T 恤，找到推荐的关键词，如图 4-7 和图 4-8 所示。

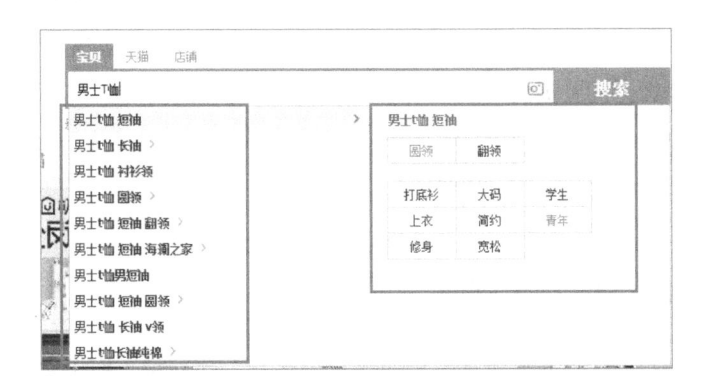

图 4-7　搜索男士 T 恤，找到相关的关键词

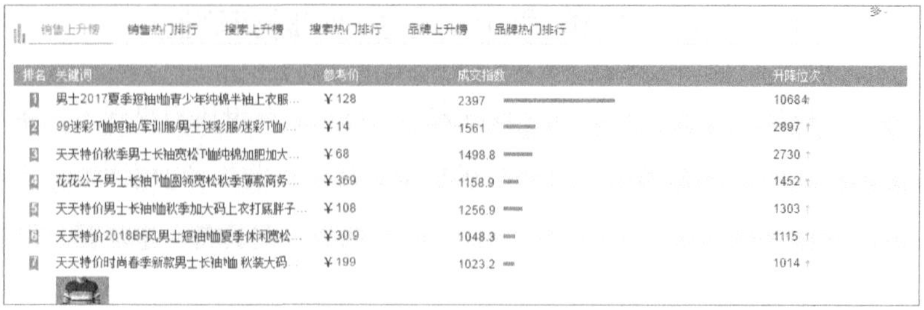

排名	关键词	参考价	成交指数	升降位次
1	男士2017夏季短袖T恤青少年纯棉半袖上衣服…	¥128	2397	10684↑
2	99迷彩T恤短袖/军训服/男士迷彩服/迷彩T恤/…	¥14	1561	2897↑
3	天天特价秋季男士长袖宽松T恤纯棉加肥加大…	¥68	1498.8	2730↑
4	花花公子男士长袖T恤圆领宽松秋季薄款商务…	¥369	1158.9	1452↑
5	天天特价男士长袖T恤秋季加大码上衣打底胖子…	¥108	1256.9	1303↑
6	天天特价2018BF风男士短袖T恤夏季休闲宽松…	¥30.9	1048.3	1115↑
7	天天特价时尚春季新款男士长袖T恤 秋装大码…	¥199	1023.2	1014↑

图 4-8　搜索男士 T 恤后找到的一些热搜商品及推荐的关键词

因此，根据图 4-7 与图 4-8 的搜索结果，男士 T 恤商品的相关关键词有：男士 T 恤翻领/圆领/短袖圆领；男士 T 恤男短袖；男士 T 恤长袖 V 领；男士 2017 夏季短袖 T 恤等。

Tips 在为商品寻找关键词时，切忌只看搜索量就草草决定。一定要根据店铺商品的实际情况，以及店铺的实际需求来对关键词进行调整。最好选择一些搜索量相对可观，但竞争又不太大的关键词，这样才能在最大限度上增加店铺的搜索量及商品的曝光率。

4.2 关键词该找哪几类

在运营淘宝店铺的时候，很多人都会有这样的疑问："关键词到底该找哪几类？找什么样的关键词才能使购买者更加快速地了解商品？"本节就针对这一问题与你进行详细探讨，告诉你关键词到底该找哪几类？找哪些关键词才是有效的？

4.2.1 该找哪几类关键词

商品名：这个比较好理解，就是商品的名称。比如说，你售卖的是女裙，那么关键词里就应该有女裙二字；如果你售卖的是礼服，那么关键词里就应该体现礼服二字。总之，要让你的购买者一目了然地知道，你所售卖的产品到底是什么。

特征：关键词一定要贴近产品的特征，一定要让购买者知道你的产品是什么？有什么特征？是方形还是圆形？是带花纹还是带波点？是圆领还是鸡心领？是纯棉还是棉麻？总之，就要尽可能地使购买者了解产品。

品牌：有些商品本身就很知名，有些店铺得到了一些知名品牌的授权。这些品牌都可以作为关键词写出来。这样，当购买者想要寻找相关品牌产品时就会第一时间找到你的店铺，进行浏览或购买。

季节：如果你的商品有季节属性，那么一定不要忘记通过关键词告诉购买者你的商品在哪个季节可以使用。比如你是卖夏季女装，那么就可以将夏季女装作为关键词写出来。这样，购买者就能够一目了然地根据季节来决定是否购买了。

份额：如果你的商品是两人或者三人装，那么就一定要标注好份额。这样，购买者才能够根据自身需求，有选择地进行购买。如果没有标注好份额，那么就会造成购买者买多或者买少的状况，进而形成尴尬产生麻烦。

4.2.2 在找关键词时该注意哪些问题

尽可能贴合产品：在编写关键词的时候，一定要尽可能地贴合产品，这样购买者才能够真正地读懂你到底在卖哪些产品？比如你所售卖的是女童礼服，那么就要描述出：女装礼服、女纱裙、儿童礼服等。

盲信热门词汇：在撰写关键词时一定不要盲目地相信热门词汇，因为热门词汇虽然搜索量大但竞争也大，对于刚刚开始的小店来说非常不利。因此，我们需要寻找一些搜索量相对较大、但竞争却不大的词汇，来进行填充。

注意关键词更新频次：有些实效性的关键词一定要及时更换，这样才能确保你的关键词能够不间断地为你带来搜索量。如果所使用的具备时效性的关键词没有及时更换，那么就很难保证你的关键词能够适应所有季节，进而导致商品搜索量下滑。

不要将店名写进去：在撰写关键词的时候一定注意不要将店名写进去，因为你刚刚成立的店铺没有名气带不来搜索量；其次，撰写的与所售商品的特征不符。因此，很难使购买者搜索到你的商品。

最好写满 30 个字：要知道关键词就是流量，不管是冷门还是热门的关键词，一定要写满 30 个字（60 个字节），这样才能够确保购买者在最大程度上找到你的商品，进而选择是否购买。

不要直接复制别人的关键词：要知道相同商品的关键词是不能重复的，如果你直接复制别人的关键词，根本不会带来流量，还会被认定为重复铺货。因此，无论怎样，都要对你的关键词进行适当的修改。

> **Tips** 在为商品查找关键词的时候一定要记住尽可能地贴合产品，这样才更加有可能带来更多销量。当然，也不要盲目地相信热门词汇，同时还要注意关键词的更新频次。如果你所售卖的是知名品牌，或者拿到了某些知名品牌的授权，那么就一定要写进去。

4.3 如何为找到的关键词进行排列

有很多新店主都有这样的疑问："我找到了一些关键词，但是不知道该如何排列？"那么本节，就为你针对这一问题进行详细解析，告诉你如何为找到的关键词进行排列。

4.3.1 关键词该如何排列

有很多人会产生这样的疑问："关键词有排列方法吗？"这个答案一定是

肯定的。在一般情况下，有以下两种方法。

1. 关键词+关键词

这种关键词的排列方式在一般情况下是没有区分的，换句话说，关键词是连成片的。这样做的好处就是即便购买者输入了两个毫无关联的字，那么如果在你的标题当中出现，也是会被展示出来的。

2. 关键词+空格+关键词

这种关键词排列方式看起来比较整齐，关键词与关键词是相间隔的。比较迎合抓取和搜索习惯。

4.3.2 在排列关键词时该注意哪些问题

禁止重复发布：如果你为商品 A 写了关键词，千万不要图省事，将商品 B 的关键词从商品 A 那全部复制过来。这样属于商品的重复上架，是不会被通过的。

禁止含有违禁词：诸如某某明星代言、淘宝推荐、价格最低、同类宝贝中性价比最高等违禁词一定不要出现。否则，官方也将不予通过。

信息必须真实：你所填写的关键词信息一定要具备精确性，要让购买者明确地知道你到底在卖什么，产品质量和相关材质到底是什么样的，购买者才能够根据自身需要来进行购买。在购买后，不至于有种被欺骗的感觉。如果填写的关键词信息本身就是不真实的，那么购买者就会有被欺骗的感觉，进而放弃在你这里购买。

尽量避免大类词：比如你是卖蛋糕的，如果你的关键词只是蛋糕，往往会由于店铺刚成立，实力有限，排名相当靠后。购买者很可能根本没有时间和耐心翻到你的那一页就已经选择购买了。

Tips 在排列关键词的时候一定要注意最好选择"关键词+空格+关键词"的方法，这样更加有利于迎合搜索收录习惯。当然，在排列时也要注意：1. 禁止重复发布；2. 禁止含有违禁词；3. 信息必须真实；4. 尽量避免大类词。

4.4 如何将关键词融合在宝贝标题当中

当我们找到了一些关键词后，还需要将关键词融合在宝贝标题当中，那么你知道这又该如何来进行排列吗？怎样排列效果更明显呢？本节，就根据上述问题为你进行详细解析。

4.4.1 将关键词与宝贝标题相融合的方法

如果你仔细浏览也会发现，淘宝标题主要就讲究"通顺"。你只需要将找到的关键词按照一定逻辑顺序进行排列，最后连成一句完整通顺的话就可以了。

当然，逻辑顺序必不可少。在一般情况下，都是按照 **品牌+特征+属性+材质+活动** 这一顺序来进行排列的。

这样做的好处就是，能够让购买者一目了然地了解产品，同时能够让购买者了解到目前店铺所做的活动都有哪些。可谓，一举两得。

4.4.2 将关键词与宝贝标题融合时该注意的问题

句子通顺：无论你选择将哪些关键词融合进标题中，都需要连成一句完整的话。只有这样，才能够不至于为购买者造成阅读障碍，进而在最大限度上起到促进销售的作用。

注意间隔符：在将关键词植入标题中时一定要注意用"空格"或者"/"来将关键词与关键词进行间隔。千万不要使用诸如"[【"等奇怪的符号进行间隔，那样只能降低权重。

避免过量堆砌：如果你的宝贝关键词没有多少，也不要过量堆砌一些品牌词或与宝贝毫无关联度的词汇。那样，只会让购买者对宝贝的理解造成偏颇，进而影响搜索展现次序及购买。

4.4.3 案例：以阮经理经营的茶杯为例详解如何将关键词植入宝贝标题

阮经理经营一家杯具用品网店，现在他想要推出男士镜头仿真保温杯（它是带盖的、内胆为 304 不锈钢）这款商品，那么你知道该如何为这款商品找关键词，又该如何优化标题内容吗？

我们可以找到的关键词有：

创意保温杯、男士创意保温杯、带盖便携个性杯子、车载、学生、情侣、单反镜头保温杯、304 不锈钢、实用生日礼物

那么我们的标题就可以写成：

创意保温杯，带盖便携车载，学生情侣，男士单反镜头保温杯，304 不锈钢，实用生日礼物，包邮。

> **Tips** 将关键词融合在标题中，简而言之就是将关键词连成一句通顺的话，同时要注意句子通顺、间隔符的使用以及避免过量堆砌关键词。这样才能确保购买者在阅读的第一时间就能够读懂意思，并且迎合收录习惯，使商品能被更多的人搜索到。

4.5 如何在植入关键词时突出卖点

很多人在撰写商品标题为商品标题植入关键词时都会遇到这样的问题："同类产品众多，我该怎样让购买者选择我呢？该怎样让购买者记住我的商品的别样卖点呢？"这就涉及一个卖点突出的问题。只要你将购买者关注的卖点

突出出来，那么大部分购买者就会自然地选择你的商品来进行购买了。那么本节，我们就来针对这一问题进行详细解析。

4.5.1 该怎样在植入关键词时突出卖点

分析核心卖点

众所周知，卖点就是给购买者一个购买的理由。因此这就需要我们首先全方位地了解商品，找到自己商品与其他商品相区别的地方。比如说：质量好、价格全网最低、包邮、四折即售等。这样才能够让购买者一目了然地了解你的商品。

提炼卖点关键字

当我们对商品进行了解析以后，还要提炼关键字，要用简洁的词语将核心卖点归纳出来。比如说：我们所售卖的商品是汽水。我们的核心卖点是：奶茶口味的汽水，那么卖点关键字就可以是：奶汽水、奶茶汽水等。

每个商品围绕一个卖点进行编辑

如果你想要让购买者在购买的过程当中记住你的卖点，那么就需要在设置商品标题的时候围绕每个商品仅围绕一个卖点进行编辑，这样虽然卖点的展示内容少了一些，但是却可以将购买者的焦点聚集起来，进而使他们记住商品的核心卖点，从而在有需要的时候第一时间购买。

4.5.2 在植入关键词时该注意的问题有哪些

关键词与商品相贴合：所提炼的关键词一定要与产品相贴合，这样购买者才能够接收到信息，进而在第一时间内选择是否购买。如果你所提炼的卖点关键词与产品毫无贴合感，就会使购买者对你的商品产生认知偏差，进而影响转化率。

关键词尽可能简短：你所撰写的关键词一定要尽可能地简短，这样购买者才能够在第一时间记住。如果关键词太长，就会造成冗长，进而使购买者对产品产生错误认知或者理解障碍。

尽可能具备独特性：你的卖点关键词一定要尽可能地具备独特性，要让其他卖家无法复制。这样，才能确保当购买者搜索关键词时你的商品能够被第一时间展示出来。否则，就会造成竞争者众多、你的商品无法被更多人看到的尴尬状况。

4.5.3 案例：以王经理的牛仔裤为例详解关键词卖点的植入

王经理经营了一家淘宝店，现在有一款牛仔裤要上架，这款牛仔裤自带夜光，夜里行走更加酷炫。但是，王经理却不知道该如何为这款牛仔裤编写关键词，那么如果你是王经理，知道该如何为这款牛仔裤编写关键词吗？

根据上方的案例可知，王经理最近要上架的产品是牛仔裤。这款牛仔裤与其他牛仔裤不同的是"自带夜光。"因此，我们就可以将"夜光牛仔裤、自带夜光牛仔裤、夜光牛仔"，作为商品的关键词进行植入。

> **Tips** 在关键词当中植入卖点，就是要找到商品最为核心的竞争点。找到商品那个与其他同类产品最为不同的地方，然后再用简短的词汇进行描述。这个词汇，就是产品的卖点了。当然，一定切记你所找的卖点关键词要能够无限地贴近产品。

4.6 如何界定关键词的好坏

在运营淘宝店铺为商品编写关键词的时候，有很多人都会产生这样的疑问："到底我编写的关键词是好是坏？到底能不能带来流量？"那么本节，就来为你进行详细阐述，告诉你该如何界定关键词的好坏。

4.6.1 界定关键词好坏的方法

迎合主流消费者搜索习惯：判断关键词好坏最主要的依据就是，看是否迎合消费者的搜索习惯。判断的标准其实也非常简单，就是先将关键词当中的核心元素输入到淘宝框内。这样，下拉菜单就会告诉你，你的关键词设置得是否合理了。

看是否能够诠释产品：设置关键词以后，一定要找身边的好友来帮助你阅读下，看一看只阅读关键词能否得知你的产品到底是什么？只有陌生人阅读关键词就能够判断出产品，才能证明你的关键词设置得是否有偏颇。

看关键词热度：其实真正有作用的关键词，并不是热搜的那些词汇，反倒是具备一定搜索量同时又不太热门的中性词汇。因此，一定不要将标题内写满热门词汇，那样就会导致竞争过大，产品出现排名靠后的情况。

看关键词是否迎合店铺现状：其实，店铺刚刚建立与店铺运营一段时间以后，对于关键词的设置与排布都是不尽相同的。在店铺刚兴起时，我们需要设置一些长尾词去匹配展现。如果店铺已经运营一段时间，具备丰厚实力和知名度。那么，则适合设置一些相对热门的词汇。因此，一定要根据店铺现状来设置关键词，切不可盲目排列。

看是否体现活动：设置关键词的时候一定要看关键词能否将店铺近期的活动体现出来，比如你的店铺最近有个满百包邮的活动，那么就可以将满百包邮作为关键词写在标题当中，这样才能使购买者一目了然地了解店铺近期活动，进而根据自身需求来进行购买。

4.6.2 界定关键词好坏时该注意的问题

不可偏听偏信：界定关键词好坏时一定要参考多人的意见，这样才能起到模拟消费者购物的作用，真正掌握购买者的搜索习惯，为商品匹配迎合搜索习惯的关键词。切不可根据自身的喜好来进行判断，那样只能陷入误区。

多多对比：设置关键词以后一定要多多对比，找到适合自己店铺的关键词。千万不要看知名店铺写了什么关键词，就盲目跟风模仿。那样，只能使你的店铺搜索量一落千丈。在对比寻找关键词时，一定要广泛。多找一些与自己店铺现状差不多，但搜索量又非常好的店铺来进行参考。

及时关注浏览量：设置完关键词以后一定要及时关注店铺及商品的浏览量，只有这样你才能够在第一时间发现哪些关键词对店铺有作用，哪些关键词是没有用处的。进而，筛选出有作用的关键词来进行设置，取缔无作用的关键词。

> **Tips** 界定关键词的好坏不能一味地只追求大搜索量的词汇，一定要根据店铺的自身现状来进行关键词的设置。同时，在参考其他店铺关键词的时候一定要找相同类型及现状的店铺来进行参考，千万不要一味地与热门店铺或知名店铺的关键词看齐，那样只能起到反作用。当然，适当地找一些朋友让他们站在购买者的角度来进行浏览，也是非常必要的。

4.7 在植入关键词时其他该注意的问题都有哪些

作为新手卖家在设置关键词和拆分关键词时难免会遇到这样或者那样的问题。那么在工作当中我们又该如何来进行设置呢？在设置关键词的时候又该注意哪些问题呢？本节，就根据上述问题来为你进行详细解析。

关键词拆分有讲究：千万别小看拆分关键词，如果你拆分了关键词，一定要留意搜索量。在很多时候，韩版女鞋与女鞋韩版看似相同的关键词，但搜索量却有着天壤之别。因此，这一点一定要及时留意，关键词拆分或者改编后一定要具备搜索量。

不要为了突出插入特殊符号：在编辑淘宝关键词的时候，千万不要为了突出个别的活动以及不一样的卖点，就用[]或者【】这样的符号将内容包含起来，那样只能造成不利的影响，甚至降低搜索量。

重要关键词无须重复：在写关键词的时候千万不要重复三遍，那样有故意堆砌关键词的嫌疑，进而使展现的排名靠后，造成关键词名额的浪费。

时刻关注官方的最新规则：一定要时刻关注官方的最新规则，遇到规则调整的时候，一定要根据淘宝的最新规则进行适当的调整，这样才能确保你的关键词更容易被官方收录，商品的展现位置靠前。

注意时令变化：如果你所售卖的商品有时令限制，那么就一定要注意及时进行调整。注意根据季节的变化来进行调整和更改。这样，才能确保你的商品与时俱进，同时更加迎合购买者的购买习惯。

关键词最好写满：对于一家新开张的店铺来说，关键词最好写满，这样才能保证在最大程度上争取到最多的搜索量，否则，就会白白浪费争取搜索量的机会，使店铺在无形当中减少被意向客户浏览的概率。

> **Tips** 在设置关键词的时候，作为新手卖家一定要及时关注官方的最新规则，然后根据官方的最新规则进行适当的调整，这样才能确保你的店铺及商品展现率比较可观。当然，同时也要注意时令变化，根据时令及时调整。如果你想要拆分关键词，那么一定要及时查阅搜索量，看到底关键词能否带来搜索量。

第 5 章　宝贝标题该如何优化

Chapter Five

在撰写宝贝标题的时候想必有很多人都会非常挠头，一共就那么几个关键词再怎么优化不也就那样？事实上则不然，优化宝贝标题也有很多思路。那么本章就来为你针对这一问题进行详细解析，教给你优化宝贝标题的思路。

5.1　借势式标题

你有没有看到优化淘宝宝贝标题也可以采用借势的方式。比如说，最近网络上流行"我伙呆"这个词语，那么你就可以将"我伙呆"植入标题中，连成一句通顺的话语。那么本节，就来教你借势式标题的写法。

5.1.1　借势式标题该如何撰写

找借口：还是拿"我伙呆"举例。如果你售卖的是女式内衣，那么你就可以写"女士内衣 大码女士内衣 无痕钢圈女士内衣 满百包邮 我伙呆"。总之，就是找一个借口将热门词汇植入标题当中即可。

硬性插入：这个就比较粗暴了，就是硬性地将近期遇到的热门词汇插入标题中。这样，就能够在短期内起到获取搜索量的作用。当然，一定要注意植入的热门词汇不要太多。那样，只能使关键词与产品发生偏离。

5.1.2　在使用借势式标题时该注意的问题

时间不宜太长：要知道借势式标题就是借用词汇的热度，因此一定要赶在某一热门词汇流行之初就插入商品标题之内。如果一周以后这个词汇不流行了，那么也一定要及时调整，将插入的关键词删除。这样，才能保证商品既能乘借热词热度获取搜索量，又能够在热词不流行时及时更换，选择与商品贴合的关键词进行植入。

最好连成一句话：插入的热门词汇一定要与标题完美地连成一句通顺的话语，这样才能确保购买者在购买的时候看得懂。否则，就会在理解上造成偏颇，进而降低转化率。这就需要我们在日常的工作当中，多加练习了。

最好与商品有关：一定要将所植入的热门词汇与商品相关联上，这样才能确保你的商品的搜索量。因此，如何将热门词汇与产品相关联，就成为了标题编辑的重中之重。我们依旧拿"我伙呆"举例，你可以写：我伙呆图案T恤、我伙呆帽子等。

5.1.3　案例：以安经理的T恤店为例详解借势式标题

安经理经营一家T恤小店，现在网络上非常流行"我很方"这句话。因此，安经理想要借势，但是他却不知道该如何将"我很方"融入到宝贝标题当中来。那么如果你是安经理，知道该如何编辑宝贝标题吗？

根据上方的案例描述，现在网络上流行的词汇为"我很方"；因此，如果想要将这句话融入标题当中，我们接下来应该思考的就是"T恤该怎样才能和'我很方'联系上？"

其实，答案非常简单。无非就是下列几种方法：1. 图案；2. 穿上这件T恤很方；3. 没好看的T恤我很方，4. T恤价格让我很方。

因此宝贝标题就可以写成：加肥加大码男士短袖体恤，胖子宽松休闲T恤，翻领半袖我很方，图案T恤。

> **Tips** 借势式标题就是要将热门词汇天衣无缝地植入到商品标题当中。同时注意：1. 一定要连成一句话；2. 最好与产品相关。当然，还要注意时效性。如果你植入的关键词时效性已过，那么就一定要及时更换。

5.2 吸睛式标题

有很多新手卖家都非常疑惑一件事情，该如何使自己的商品和店铺更加吸睛呢？除去卖家本身就是网络红人或者明星这一因素之外，其实商品想要做到吸睛，还得在文案上做一些手段。什么？你问该如何进行操作？别着急，本节就针对这一问题为你进行详细阐述。

5.2.1 吸睛式标题的写法有哪些

增加惊叹词：你可以在标题上增加诸如"天呐、天啊"等一系列的惊叹词，这样购买者在浏览的时候就能够对他们起到警示和提醒的作用，进而刻意地去留意商品，根据自身需求进行选择性购买。

植入疑问句：如果你想让商品排在前列，那么不妨设置一些诸如"你知道吗？真的吗？怎么办？"等这样常见的疑问词。因为这样设置商品标题的店铺并不多，所以当购买者有需求并且进行浏览时就会第一时间看到你，并且根据自身需求决定是否购买。

制造神秘感：同时，你还可以在文案上制造神秘感，这样购买者就会对商品的价值产生一些幻想进而达到引导购买的作用。比如说"巨好吃、相当美"这些，购买者就会反复思考巨好吃是有多好吃？相当美是有多美？进而，在好奇心的驱使下进行购买。

5.2.2 吸睛式标题在撰写时该注意的问题有哪些

融合要自然：一定要将惊叹词、疑问句、神秘感等吸睛元素自然地融入到商品的标题当中，这样才能给购买者一种自然的感觉。如果融合得不自然，就会让购买者感觉非常刻意，进而对商品失去购买兴致。

先找一些周边商品尝试：这样的方法一定要找一些周边商品进行尝试，这样你才能观测到这类标题与普通标题的区别在哪里，进而有针对性地进行调整，从而增加商品被搜索到的概率。

一个标题植入一个元素即可：千万不要在标题当中通篇都写"为什么？真的吗？"或者为了营造神秘感连基本的商品关键词都不去撰写。那样，只能让购买者对商品的理解度降低，进而选择不去购买。因此，一个标题仅植入一个元素就可以了。

5.2.3 案例：以刘经理的创意水杯为例详解吸睛式标题的应用

刘经理经营一家创意水杯店，现在有一款创意智能陶瓷杯即将上架，他不知道该如何为自己的商品设置标题才能吸引更多人的关注。那么如果你是刘经理，知道该如何设置商品标题吗？

根据上方的案例分析，刘经理即将上架的水杯是一款创意智能陶瓷杯，因此，我们就可以将创意水杯、智能水杯、陶瓷水杯、创意智能陶瓷杯作为关键词植入到标题当中去。当然，为了吸睛，我们还要制造一些神秘感，因此刘经理的商品标题就应该这样设置：

智能陶瓷水杯、提醒喝水、带水质检测显示、温度显示保温杯。

Tips 吸睛式标题在优化时一定要注意融合得尽可能自然，先找一些周边产品进行尝试，等搜索量相对较大以后，再统一进行调整。当然，每个标题仅能植入一个元素。千万不要在标题中植入过多元素，那样就会造成关键词与产品相关度过低，进而造成购买者的理解障碍。

5.3 营销式标题

在运营的时候有很多人都会发愁，最近店铺确实没有什么活动也没有什么促销，那么我又该如何来促进购买者的购买，吸引更多人进行搜索呢？那么本节，就针对这一问题为你进行详细讲解，教给你营销式标题的写法。

5.3.1 营销式标题该如何写

自找优惠：如果你的店铺目前的确没有什么优惠正在进行，也没有丰厚的财力可以参与一些促销和推广活动，那么就可以自拟优惠。比如说：满百包邮、买一送一、免邮费等。这样，购买者同样可以看到实惠，进而选择在你的店铺中进行购买。

营造错觉：如果你也不想在邮费和赠品上做出让步，那么也可以在标题当中植入诸如"全网较低、×折销售"等字样。这样，同样能够给购买者一种店家已经让步，商品确实实惠的感觉。

限时抢购：这是一种比较讨巧的方式，你可以选定一个时间段将某一特定商品进行打折销售。这样，当购买者形成了习惯以后就会不自主地定期到你的店铺内进行浏览与选购。这样，即便以后不打折，购买者依旧会对你的店铺产生关注。这就在无形中增加了店铺的浏览量及搜索量，增加了成交概率。

好评返现：这同样也是卖家屡试不爽的一个方式。当购买者购买完以后，你可以使用客服软件或者夹带卡片的方式，告知购买者买完以后若好评就会返现金。这样，同样能够使购买者对店铺保持持续关注，还能引发回购。

5.3.2　在写营销式标题时该注意的问题

要切实落实：如果你设置了免邮费或者好评返现、限时抢购这类的活动，一定要及时地落实下去，确保你的客服能够弄懂这类小活动。当然，还要确保购买者切实得到实惠。这样，购买者才会对店铺产生好感，进而回购。

注意追踪：对于售后追踪，也一定要做到及时。要切实提醒购买者来参与活动，让购买者切实得到实惠。这样，购买者才会对店铺产生好感。

培养习惯：要知道诸如"限时抢购"这类短期活动，并不是举办一两次就能够培养出购买者关注店铺动态这一习惯的。因此，一定要选择好时间段，一到那个时间段就放送抢购商品。这样，购买者才能够真正养成习惯。以后就算活动减少，购买者也会去主动浏览的。

5.3.3　案例：以柳经理的坚果店铺为例详解营销式标题的写法

柳经理经营一家坚果店铺，现在不是节假日也不是什么销售旺季，因此，没有多少人来买坚果。这让柳经理感到非常郁闷，他不知道该如何做才能提升店铺销量和搜索量。如果你是柳经理，知道该如何做吗？

根据上方的案例可知，柳经理遇到的问题是：店铺销量低迷且目前没有节假日，没有营销噱头。因此，我们就需要为柳经理创造一些促销。比如说：满百包邮、买一送一等。

所以，柳经理就可以在标题中体现：坚果满百包邮、全网较低等字样。

Tips 进行营销式标题优化时一定要注意后期的执行，要让促销和优惠切实落实到位。当然，还应当注意培养购买者的购买习惯。如果选择限时优惠这种方式，在前期一定要及时连续地去做，这样才能切实使购买者对店铺产生关注的习惯。

5.4 夸张式标题

如果你仔细留意就会发现，有很多店铺的标题当中会出现诸如"血荐、吐血清仓、跳楼价"这样的词语。虽然很夸张，但不知为什么，有些顾客看了就会有想要去购买的冲动。那么，你知道这是为什么吗？本节，就来为你针对这一问题进行详解，告诉你夸张式标题的撰写方法都有哪些。

5.4.1 夸张式标题的撰写方法

植入情感动作：这一点不用说太多，就是写出你想要做的动作就行，比如说你的商品价格已经很低不能再低了，就可以写"跳楼价"或者"挥泪甩卖"等字样。这样阅读者在阅读以后，就能够接收到你的情感动作，进而选择在你的店铺进行购买了。

适当的比喻：当然还要在你的商品标题中进行适当的比喻。比如，你所售卖的衣服是胖人服饰，那么就可以写"能装大象"的T恤等。这样，购买者就能够清晰地知道你卖的是什么商品以及商品的作用及功效了。

感情真挚：写夸张式标题一定要感情真挚，这样购买者才能够感同身受。比如说，你想写这本书是行业大佬联袂推荐的，那么就可以将大佬的名字写出来然后加上吐血推荐等字样。这样，购买者在阅读时就能够被带入进来，进而在情绪的驱使下进行购买。

5.4.2 在撰写夸张式标题时该注意什么

不要做过度承诺：即便是夸张也要注意不要过度承诺，还是遵循实事求是的原则。你所写的内容，你的产品应该是必须要能够实现才行。比如说你要售卖绿植，可以写净化空气、绿化空气，可以写吸甲醛，就不能写甲醛吸光光等字样。

注意代入感：这样的夸张标题一定要注意代入感，这样购买者在购买的时候就会下意识地被感情带入进去，进而在情绪的驱使之下来进行购买。如果代入感不够强烈，那么就会给购买者一种无病呻吟的感觉，进而对产品失去兴致。

比喻要形象：如果你售卖的是瘦身丝袜，那么就可以写"大象也能瘦"等字样，这样就会比较形象。但是，如果你写"蝴蝶变毛虫"，就会显得突兀，不那么形象了。

5.4.3 案例：以王经理的男士服装店为例详解夸张式标题的写法

王经理经营一家男士服装店，现在他新上了一批加肥加大男装。但是，王经理不知道该以怎样的方式来推荐自己的商品。那么，如果你是王经理，知道该如何在标题当中形象地描述加肥加大男装吗？

根据上面的案例资料分析，王经理需要推荐的商品是"加肥加大男装"；因此，我们就可以在商品标题当中突出"300斤也能穿、特大男装"等字样。

> **Tips** 在撰写夸张式标题的时候一定要注意"夸张要适度"，千万不能做出一些过度的承诺以及不切实际的比喻。当然，还要注意感情真挚，要让购买者在阅读完标题以后有一种感同身受的感觉，这样才能起到带入作用进而选择购买。

5.5 知识式标题

有很多购买者是遇到问题以后，才选择到淘宝等网店平台上来进行购物的。因此，这就需要店铺卖家具备解决问题的能力，在标题当中告知购买者遇到这类问题时该怎么办。那么本节，就与你详细探讨知识式标题的写法都有哪些。

5.5.1 知识式标题该如何撰写

植入疑问词：一定要在文案当中植入诸如"怎么办、怎么解决、咋处理"等疑问词。这样，当购买者在需要时就会主动搜索，进而找到你的店铺了。

还原生活场景：除了植入疑问词，还原生活场景也是不错的选择。比如说"切西瓜神器、做饭神器"等。这样当购买者进行浏览时就会很容易解开生活中的难题，进而选择在你的店铺进行购买。

写出问题所在：在标题当中一定要写出问题，比如说长痘、有脚气等。这样，有这样问题的购买者就会主动搜索，进而找到你的店铺来了解和购买了。

5.5.2 撰写知识式标题时该注意的问题有哪些

无限还原生活：一定要将问题无限地还原到生活当中去。这样，购买者才能够清晰明了地知道你到底能够帮助他解决怎样的生活难题。否则，就会使购买者产生认知偏差，无法根据自身需求来进行购买。

尽可能描述问题：一定要尽可能地将遇到的实际问题描述出来。比如你售卖的产品是鞋贴。那么就要描述穿高跟鞋磨脚该怎么办。这样购买者就能够在第一时间找到你的店铺并且进行购买了。

5.5.3 案例：以王经理的厨具店为例详解知识式标题的写法

王经理经营一家厨具店，现在他想售卖一种创意饭团模具。但是却不知道该怎样撰写标题才能使更多人进行浏览和购买。那么如果你是王经理，你知道该如何做吗？

根据上方的资料，王经理所售卖的是"创意饭团模具"，那么我们接下来需要思考的问题就是"在何种情况下才能使用这个东西？"没错，那就是孩子不爱吃饭的时候、感觉生活单调乏味的时候。因此，王经理就可以在标题当中体现："创意厨具、宝贝不爱吃饭怎么办"等字样。引导购买者主动浏览和购买。

> **Tips** 当撰写知识式标题的时候，一定要思考清楚这个东西到底在生活当中是做什么用的，到底这个东西能够怎样地被还原到生活当中去。这样写出的标题才能够使购买者在有需求时第一时间搜索到并且根据需求进行购买。

5.6 对比式标题

如果你仔细留意，就会发现有很多卖家喜欢在商品标题上体现"比××更好、同比价更优"等字样。那么你知道这是为什么吗？那么本节就来教给你对比式标题的撰写方法，告诉你该如何通过对比吸引更多购买者。

5.6.1 对比式标题该如何撰写

对比式标题一共分为两种，一种是有对象的对比，另一种是无对象的对比。

有对象的对比：这一种非常简单，就是找到一个适合拿来对比的对象。根据自身优势来与其进行对比，进而突出自身产品的优势，吸引购买者进行购买。

无对象的对比：这一点就显得非常广泛了，简单地说就是只写对比词，只和某一类的事物进行对比，进而突出自身优势。采用这样对比手法优化标题的商品一般都拥有一个或两个不可复制的核心竞争优势。

5.6.2 在撰写对比式标题时该注意的问题

言之有物：对比一定要言之有物，一定要找到适合自己的产品来进行对比。如果你所找的对比产品与自己的产品不具备关联性，那么很显然对比的强度就比较弱，购买者就无法信服了。比如你售卖的是电子扫地机，那么就应该和传统的扫帚、拖布来进行对比，而不能和洗碗机对比。

优势要切实具备：你通过对比所突出的产品优势，一定要确保你的产品确实具备这样的优势。否则，就会给购买者一种欺骗的感觉，进而对店家失去信任。

对比要鲜明：一定确保对比要鲜明，要让购买者切实看到这个产品的优势以及与其他产品不同的地方都有哪些。这样，购买者才能够根据自身需求来进行明确的选择。否则，就会让购买者摸不着头脑，进而放弃购买。

5.6.3 案例：以阮经理的衣橱店为例详解对比式标题的写法

阮经理的衣橱店最近想要上架一款北非优质木材定制的衣架，但是他却不知道该如何在标题当中突出这款木材防水、防潮、耐磨耐用的特点。那么，如果你是阮经理，你知道该如何向购买者进行推荐，如何将优势在标题当中突出吗？

根据上面案例的资料，我们可以得出阮经理现在想要做的事情就是"上架北非优质木材衣架，并突出木材防水、防潮、耐磨耐用的特点"。因此，阮经理就可以在标题当中植入：北非优质木材，比普通木材更耐用、更防潮、更耐磨等。

> **Tips** 对比式标题分为两种，一种是有对象的对比，另一种是无对象广泛的对比。当然，无论你选择哪一种对比方式都要记住："不要特指某个

厂家以及某个商品"。同时，还应注意你所突出的优势要切实具备，只有这样，购买者才能够在阅读与体验后信服，进而产生回购。

5.7 情怀式标题

在浏览店铺的时候你是否也曾留意过，有些店铺非常讲究情怀？不是走小资风就是大秀年代感？那么你知道这是为什么吗？没错，就是迅速建立联系，引起共鸣感。那么本节，就与你详细探讨情怀式标题的撰写奥秘。

5.7.1 情怀式标题该如何撰写

找年代感：这一点不用多说，就是以 70、80、90、00、10 年代为时代节点，以特定时代人群的共同记忆为核心对商品进行展示，进而唤醒这一代人的记忆，从而增加搜索量提高关注度和成交率。

找同好：在生活当中可能你在大街上跑酷或者在平时穿动漫服装，会让人感觉多少与现实世界格格不入。那么店家就可以以同好为核心对产品进行推荐，告诉拥有这一爱好的人群，店主与你是同好，店主也喜欢做你做的事情。这样，购买者就会非常自然地被吸引过去，进而与店主拥有共同话题，形成购买和追随。

找风格与习惯：如果你的店铺不是针对某一爱好，也不是针对某一年代，那么也可以从习惯入手。比如说，喜欢素食、爱好复古风等。总之，找到购买者的一个特殊习惯，并且告知购买者在这里有符合你习惯的商品。这样，购买者就会非常自然地到你的店铺中来进行购物与挑选了。

5.7.2 在撰写情怀式标题时该注意的问题

受众面积要大：你引发共鸣或者想要吸引的同好人群，一定要具备一定基数。如果受众基数小，那么很显然就不会形成共鸣，自然也就谈不到什么搜索量和转化率了。

要切实了解：如果你想要营造情怀，针对特定人群进行售卖。那么，就一定要确保自己真的了解这些人的生活及工作习惯。千万不要盲目地去推荐和讲解，那样很容易产生纰漏，进而使购买者放弃对你店铺的追随。

保持风格一致：如果你的店铺就是主打情怀，那么无论店铺运营了多久一定要保持风格一致。这样，购买者才能够接收到信息，进而仔细地来浏览你的店铺。如果你的店铺自身都无法保持风格一致。商品 A 讲的是 20 世纪 90 年代，商品 B 却又去讲未来科技。那么很显然，购买者就不会产生代入感，非常容易跳戏。那么，自然就没有共鸣。既然没有了共鸣，那么想要让他们追随店铺和进行购买就难上加难了。

5.7.3 案例：以李经理的零食店为例详解情怀式标题的写法

李经理最近经营了一家零食店，他所售卖的商品有锅巴、话梅糖、南京板鸭、水煮鱼、红毛丹、无花果等小零食，但是他却不知道该如何为商品撰写标题，如何向购买者推荐自己的商品。如果你是李经理，知道该如何做吗？

根据上面的案例分析，李经理的零食店主营锅巴、话梅糖、南京板鸭、水煮鱼、红毛丹、无花果等小零食。如果你仔细留意就会发现，这些零食基本上都是 20 世纪 90 年代孩子吃的东西。因此，李经理的小店就可以主打 90 年代风格。在商品标题上可以突出：90 年代零食、90 后怀旧零食、90 后小吃等字样。

> **Tips** 在撰写情怀式标题的时候不妨可以从：1. 年代感；2. 同好；3. 风格与习惯入手。通过广泛的资料搜集与观察和目标受众建立起良好的关系，找到目标受众的痛点及基本生活方式和关注点。这样，才能在最大程度上引发购买者的共鸣，起到刺激购买者进行购买的作用。

5.8 疑问式标题

在浏览店铺的时候你会发现一个非常有趣的现象，那就是有些卖家会在标题中植入诸如"你微笑了吗？你努力了吗？"等字样的疑问句。到这里一定有人会问，这是为什么？那么本节，就来为你揭开这一问题的答案。

5.8.1 疑问式标题都出现在哪里

到这里可能有些人会问，到底有哪些产品会用到疑问式标题？其实答案很简单，最常见的就是墙纸店铺。要知道墙纸有太多了，有花瓣的、有励志标语型的，还有欧式的，因此为了区分开来就需要在标题当中植入疑问句式。

比如说王经理进购了一批励志标语，要知道励志标语有很多：好好学习天天向上；不努力枉少年；你学习了吗？；你阅读了吗？这些都是。因此，为了区分就可以直接将励志标语上边的话语植入到标题中。

如果想推荐"今天你努力了吗？"这块标语墙纸。那么就可以以"今天你努力了吗？"墙纸来作为关键词来优化你的商品标题。

5.8.2 在撰写疑问式标题时该注意哪些方面

疑问词要能诠释产品：一定要确保疑问词能够很好地诠释你的产品，这样才会让购买者一目了然地了解你的店铺到底在售卖什么东西。如果疑问词无法诠释商品，那么就会让购买者在认知上产生差异，进而选择在其他店铺进行购买。

在合适的商品中运用：如果你的 T 恤上有句"肚子饿了吗？"这句话，那么为了与其他 T 恤进行区分就可以写"肚子饿了吗图案 T 恤"；如果你的海报是"你今天学习了吗？"你就可以以这句话为关键词来优化标题。但是，如果你的海报上没这句话或者衣服上没这句话，那么就需要慎重了，最好不要写疑问句。

5.8.3 案例：以王女士的墙纸店为例详解疑问式标题的写法

王女士最近需要上架一批墙纸，这些墙纸都有不同的励志语。有的是"今天你努力了吗？"；还有的是"减肥吗？"；更有"业绩达标了吗？"等字样。但是，她却不知道该如何将这些商品区分开来，让购买者迅速搜索到。那么如果你是王女士，知道该如何做吗？

根据上面的案例分析，王女士最近需要做的事情是将带有"今天你努力了吗/减肥吗/业绩达标了"等字样的墙纸同时上架，并且互相区分。

那么，我们不妨就以今天你努力了吗/减肥吗/业绩达标了吗为关键词，为不同的墙纸优化标题。

Tips 疑问句式标题在一般情况下都是基于特定情况来撰写的，比如墙纸上有疑问句或者衣服上印有疑问句。如果你的产品本身和疑问句没什么关系，那么就不要强行植入疑问句，那样只能使你的标题与商品的关联度减小，进而影响销售。

第 6 章　宝贝卖点该如何撰写

Chapter Six

在逛淘宝店铺的时候如果你仔细留意就会发现，在宝贝标题的下方有一行小字。这个，就是宝贝卖点。那么你知道它的作用是什么吗？作为卖家又该如何利用好这个地方，增加购买者对于商品的理解呢？本章，就来教你宝贝卖点的写法，以及如何通过宝贝卖点展示核心内容。

6.1　宝贝卖点都应包含什么

到这里一定有人会问宝贝卖点都有什么作用？都应该包含哪些内容？别着急，本节就会根据上述问题为你进行详细解析，帮助你了解宝贝卖点的作用，告诉你宝贝卖点都应该包含哪些内容，从而，有针对性地进行调整。

6.1.1 宝贝卖点的作用是什么

宝贝卖点可以弥补标题内容展示不足的问题，购买者通过阅读宝贝卖点可以很清楚地了解宝贝的细节，以及店铺内最近的销售政策。当然，还能了解到店铺的文案功底以及店铺的整体风格。因此，宝贝卖点的作用不容小觑。

一般来讲，宝贝卖点应该更加有煽动性，这样购买者才能够在全面了解商品以后，产生购买的行为。

6.1.2 宝贝卖点都应该包含哪些内容

宝贝的属性特征：宝贝卖点一定要详细写明宝贝的特征，包括产地、养殖方式或者面料和加工方式等。总之，要将你在标题当中没有体现的特征全部写在宝贝的卖点当中。这样购买者才能够抓住重点，更加全面地了解宝贝。

宝贝的适用场景：比如说你卖的是衣服，那么就要在宝贝卖点当中写明衣服是适合在办公室穿，还是适合在夜店及蹦迪时穿。总之，要将宝贝的适用场景写清楚，这样购买者才能够更加详细地了解宝贝，进而选择是否购买。

宝贝的促销政策：当然，在宝贝卖点当中还要写明宝贝目前的销售政策。是满 500 元减 200 元，还是全场包邮。这样，也能起到刺激购买者迅速作出购买决定的作用。

6.1.3 案例：以王经理的对虾海产店为例详解宝贝卖点的撰写

王经理最近想要将新产品风干对虾上架，但是他不知道该将哪些内容体现在标题当中，哪些内容写在宝贝卖点当中比较合适。那么如果你是王经理，知道该如何进行编辑吗？

根据上方案例显示，王经理需要做的事情是：上架风干对虾这款宝贝。同时，理顺标题与宝贝描述都该写哪些内容。

要知道，宝贝标题是获取流量的关键，因此宝贝标题一定要与产品完全贴合，所以王经理的风干对虾的标题和卖点就应该这样布局：

- 标题：对虾，风干对虾，海鲜干货，新鲜风干对虾，水煮风干对虾。
- 卖点：则应该写明产地、日期、工艺、口感、销售政策等。

Tips　宝贝卖点弥补了宝贝标题信息展示量不足的问题，因此宝贝卖点一定要着重讲述宝贝的各方面细节。要让购买者通过阅读宝贝卖点更加全面地了解产品，这样才能在最大程度上起到引导销售的作用。

6.2　在宝贝卖点当中应该突出什么

到这里一定有人会问，宝贝卖点应该突出哪些问题？在撰写宝贝卖点时又该注意什么？那么本节，就针对这些问题为你进行详细的讲解，告诉你在宝贝卖点当中应该突出的问题都有哪些。

6.2.1　宝贝卖点应该突出什么

感受：一定要将体验过后的感受清楚地描述出来，要让你的购买者清晰地知道到底商品体验过后是怎样的，对于我们的生活有怎样的改观。这样，购买者才能够感同身受，进而根据自身需求选择是否进行购买。

促销政策：一定要让你的购买者知道目前购买这款商品能够得到怎样的优惠，要让购买者在购买之前就看到店铺的诚意。

树立形象：因为宝贝卖点的编写相对来说比较灵活，因此一定要写出店铺的形象。要给购买者一种专业、严谨、可信度高的感觉。这样，购买者才能够对店铺树立起信心，进而对企业形成追随。

6.2.2 撰写宝贝卖点时该注意哪些问题

深度解析宝贝：在撰写宝贝卖点之前一定要深度解析宝贝，要明确宝贝的核心优势到底在哪里。这样，才能够在最大程度上完整地描述宝贝的详细信息。这就需要大家在日常的工作当中注意积累，与自己的宝贝和其他宝贝进行对比。

具有煽动性：在撰写宝贝卖点的时候一定要注意语言，要多多使用具备煽动性的语言来进行撰写。这样，购买者才能够在阅读以后形成购买。

真实可信：一定要注意你所撰写的宝贝卖点要真实可信。千万不要做出过度的承诺，或者干脆写一些不实的信息。那样，只能给购买者一种被欺骗的感觉，进而使购买者对产品和店铺失去信心。

6.2.3 案例：以李经理的榨汁机为例详解在宝贝卖点当中应该突出什么

最近李经理的小店要上架一款榨汁机，但是他在撰写宝贝卖点时犯了难。他不知道宝贝卖点该撰写哪些内容为好。那么，如果你是李经理，知道应该在宝贝卖点中撰写哪些内容吗？

根据本节前面所讲述的内容,在宝贝卖点当中应当突出：感受、促销政策、形象。

很显然,李经理的小店目前没有促销政策,目前也没有统一的形象和风格。因此，李经理的这款榨汁机产品在撰写宝贝卖点时就应当着重突出感受。

因此在撰写宝贝卖点时就可以围绕"自动榨汁、声音小"为核心内容来进行撰写。

Tips　在撰写宝贝卖点的时候一定要注意突出感受、促销政策、企业形象，这样购买者才能够在最大程度上对产品拥有更深的认知。当然，在撰写的时候也要注意：1. 深度解析宝贝；2. 具备煽动性；3. 信息真实可信。

6.3 如何在宝贝卖点中突出感受

在浏览店铺的时候你会发现，有很多店铺都会在宝贝卖点这块，将体验宝贝后的感受写得非常逼真。让你感觉就像自己体验了宝贝一样，进而吸引更多人来进行购买。那么，到这里就一定有人会问："到底该如何在宝贝卖点中突出感受呢？"本节，就针对这一问题为你进行详细阐述。

6.3.1 在宝贝卖点中突出感受的方法

亲身体验：这一点不用多说，凡事只有亲身体验才能够知道到底是怎么一回事，到底在使用完产品以后会有怎样的感受。因此，无论什么宝贝，在撰写宝贝卖点之前都一定要亲身体验，再进行动笔。

详细对比：一定要将自己的产品与同类产品进行对比，这样购买者才能够更加明确地了解到这个宝贝与其他宝贝的不同与相同点，进而根据自身需求来进行购买。

多使用形容词：一定要记得多多使用形容词，这样购买者才能够拥有代入感，进而在最大的程度上感受到使用时的情况，然后，根据自身需求有选择地进行购买。

6.3.2 突出感受时该注意的问题

避免夸张：写宝贝卖点的时候一定要用朴实的语言来进行描述，让购买者知道在购买以后到底能够得到怎样的体验就足够了。千万不要过于夸张，夸大购买者的使用效果。那样，只能让购买者有一种被欺骗的感觉，进而使购买者对企业失去信任感。

避免不实消息：一定要注意避免出现不实的消息。宝贝能够达到怎样的效果，就写怎样的效果。千万不要写宝贝达不到的效果，那样只能造成购买者的理解偏差，进而使购买者对店铺失去信任感。

6.3.3 案例：以方经理的面膜店为例详解如何在宝贝卖点当中突出感受

方经理的面膜店最近上架了一款玻尿酸面膜，但是方经理却在撰写宝贝卖点时犯了难。他不知道该如何撰写才能让购买者一目了然地了解产品功效。那么，如果你是方经理，知道该如何撰写宝贝卖点吗？

根据上面的案例资料可知，方经理想要做的事情是为新上架的玻尿酸面膜撰写宝贝卖点，根据本节前边所讲述的方法，方经理可以这样写：超亲肤、更水嫩、更亮白。比其他面膜保湿性更持久，让肌肤喝饱水，让你的肌肤永葆初生婴儿般水嫩。

> **Tips** 在宝贝卖点当中突出感受，简而言之，就是尽可能地说出体验宝贝以后，能够达到怎样的效果就可以了。千万不要刻意地夸大效果，也不要刻意地去撰写一些宝贝根本达不到的效果，更不要随意堆砌华丽辞藻。那样，只能给购买者一种被欺骗的感觉，进而使购买者对宝贝失去信心。

6.4 如何在宝贝卖点中突出促销政策

现在有很多店铺都会在宝贝卖点当中写明目前店铺的销售政策，这样一来能够让购买者一目了然地了解店铺目前的促销政策；二来还起到了吸引购买的作用，使购买者加速购买决断。那么，你知道到底该如何在宝贝卖点中突出促销政策吗？本节，就针对这一问题为你进行详细阐述。

6.4.1 促销政策该如何突出

将活动作为核心点：为了突出促销政策，我们不妨就以活动作为核心点来进行撰写。这样购买者才能够搞清楚到底这个宝贝的促销政策是什么，对我有什么样的好处。这样，才能起到促进销售的作用，进而缩短购买者的决断时间。

在末尾写明促销政策：在一般情况下店铺不会在宝贝卖点这块仅写促销政策，因此就要选择一个相对突出的地方突出促销政策。那么末尾，就是一个比较明智的选择。这样购买者就能够在全面了解产品的情况下，了解促销政策，进而顺理成章地选择购买。

6.4.2 在突出促销政策时该注意哪些问题

注意时效性：有些店铺的促销政策是具备一定时效性的，因此作为店铺的卖家而言一定要注意及时地调整与更新。要将店铺最新最给力的促销政策展示给购买者。这样，才能使购买者对店铺产生好感。

注意切实可行：当然，也要注意你所发布的促销政策切实可行。这样，购买者才能够切实地享受到促销政策所带来的优惠。如果政策不太可行，那么就会造成购买者对店铺的好感度降低，进而失去关注和购买的兴趣。

6.4.3 案例：以刘经理的体育用品店为例详解如何在宝贝卖点中突出促销政策

刘经理经营一家体育用品小店，主要经营各种球类、体育服饰、体育器械等。现在，为了打破商品滞销局面，他想要举办一次全场五折钜惠的促销活动。但是，他却不知道该如何让更多购买者了解到本店有这样"所有商品五折钜惠的活动"，那么，如果你是刘经理，知道该如何做吗？

根据上方资料可知，刘经理经营的是一家体育用品小店，现在正在举办的活动为"全场五折钜惠"。那么，我们接下来应该思考的问题就是"购买者一般在浏览时都首先会浏览哪里？"没错，一定是先看商品图和标题，然后就是标题下的宝贝卖点这一栏。因此，刘经理就可以在宝贝卖点当中植入"五折钜惠，错过不再！/五折超低价放送"等字样，来告知购买者目前店铺举办了"所有商品五折钜惠的活动"。

Tips 在宝贝卖点当中突出促销政策一般情况下可以用两种方法：1. 将促销活动作为核心点；2. 在宝贝卖点的最后写明促销政策。这样，才能够起到提醒购买者注意的作用。当然，同时也要注意活动的时效性，以及活动要切实可行。这样，购买者才能够对店铺真正产生好感度，进而形成购买。

6.5 如何在宝贝卖点中突出店铺形象

有很多人都渴望将店铺规划得井井有条，并且拥有自己的独特风格和属性。那么，我们又该如何在宝贝卖点当中突出店铺的形象呢？那么本节，就针对这一问题为你进行详细的阐述。

6.5.1 在宝贝卖点中突出店铺形象的方法

使用统一语感：这个其实比较好理解，就是为自己的店铺文案设定一个统一的语感。比如说，都使用排比句或者都使用押韵的词汇，都是诗歌类感觉的文案。这样，购买者在阅读的时候就能够抓住重点，一目了然地得知店铺的风格到底是什么了。

插入统一宣传语：在很多时候，我们需要插入一些指定的宣传语，并且在所有宝贝卖点当中都插入这个统一的宣传语。这样，就能够硬性地将店铺的风格给树立起来了。同时，购买者在阅读的时候，也能够记住店铺的这个宣传语，进而在有需要的时候有选择地进行购买。

6.5.2 在突出店铺形象时该注意的问题有哪些

保持风格一致性：一定要保持店铺整体文案风格的一致性。这样，购买者才能够在浏览店铺的同时记住店铺的风格是什么。进而加深购买者对于店铺的记忆，在有需求的时候才有可能主动搜索并进行浏览。

注意增加统一元素：一定要注意在商品的卖点当中增加统一元素。可以是一致的句式，也可以是一致的语言风格。总之，要将你的店铺和风格统一起来，这样才能形成店铺的风格印象，进而使购买者记住店铺。

6.5.3 案例：以王经理的森系服装店为例详解如何在卖点中突出店铺形象

王经理经营一家森系服装店，现在他想要进驻淘宝平台。并且，想要通过优化文案的形式，让更多的人记住并且了解店铺，树立自己独特的店铺形象。但是他却不知道该如何优化淘宝文案。那么，如果你是王经理，知道该如何操作吗？

根据上面的案例可知，王经理想要做的事情是"运营森系服装店"并且树立自己的店铺风格。那么，根据本节前面所讲述的方法，我们就可以：1. 为店铺想一则广告语；2. 统一店铺的文案撰写手法。因此，我们可以这样操作：

1. 以"卸下面具，放慢青春"为店铺广告语穿插进商品的文案当中；

2. 整个淘宝店的文案风格，都应该偏向"青春、浪漫、慢生活、少年"为主题元素进行撰写。突出森系无畏红尘，永葆青春的感觉。

> **Tips** 突出店铺形象的秘诀在于保持统一性。比如说，一个统一的句式，一句统一的广告语。这样，就能够给你的购买者一个形象烙印，进而使购买者记住你的店铺。

6.6 如何在宝贝卖点中使购买者更了解产品

有很多新手卖家都会有这样的疑问："到底该怎样才能使购买者更加了解产品"。其实标题也就不过 60 个字节，只能输入 30 个汉字。虽然宝贝卖点可以写得相对较多，但也不能长篇大论。那么这个时候我们又该如何做，才能让购买者更全面地了解产品呢？本节，就针对这一问题为你进行详细阐述。

6.6.1 通过宝贝卖点使购买者更了解产品的方法

深度解析宝贝：如果想要让购买者深度地了解你的产品，那么就一定要针对宝贝进行深度解析。不仅要弄清楚宝贝的产地、做工、质地等最基本的信息。还应将自家宝贝与同类宝贝进行对比，然后写出自家的独特优势。当然，搞清楚宝贝能够解决购买者怎样的问题，在怎样的环境中更适合使用也是非常必要的。

提炼宝贝的核心卖点：当你对宝贝进行了深度解析以后，我们接下来要做的就是将解析出来的优势进行提炼。提炼成几个核心的关键词，然后再剔除非常普遍的优势，这样就是宝贝的核心卖点了。

植入品牌词：如果你是知名品牌的授权经销商，或者你的品牌具备了一定知名度，那么也可以将品牌名植入宝贝卖点当中。这样，购买者就会在好奇心的驱使之下主动进行搜索浏览。在浏览以后，就会对宝贝拥有更全面的认知了。

引导阅读宝贝详情：众所周知，无论是宝贝标题还是宝贝卖点，都不适合写过多的内容。因此，我们就需要引导购买者通过阅读宝贝详情来了解更多内容。你可以在宝贝卖点最后插入一句"想要深度了解？请往下看。"等类似的字样。这样，购买者如果感兴趣就会自发地将页面下拉，来进行主动了解了。

适当植入专业术语：如果想要让购买者更加了解你的产品，那么我们还可以适当地在宝贝卖点当中植入专业术语。比如说"×核处理器、采用××技术"。这样对产品感兴趣的购买者就会主动进行搜索和学习，进而加深对产品的了解，选择你的店铺来进行购买了。

6.6.2 通过宝贝卖点使购买者更了解产品时该注意哪些问题

核心卖点切忌广泛：你所提炼的核心卖点一定要的确具备不可复制性。千万不要过于普遍，写那种所有商品都具备的卖点，购买者在阅读后就会认为你的宝贝其实并没有什么出众的，进而放弃购买。

品牌一定要足够响亮：如果你在宝贝卖点中植入了品牌，那么所植入的这个品牌就要足够响亮，具备一定知名度。这样，购买者才会产生去主动搜索和浏览的兴趣。如果所植入的品牌知名度不够，那么自然就不具备说服力，也就没人愿意主动浏览与搜索了。

6.6.3 案例：以李女士的智能家居生活小店为例详解通过卖点使购买者更了解产品

李女士经营一家智能家居生活小店，现在她想要使更多人了解智能家居，培养购买者养成使用智能家居的习惯。但是，她却不知道该如何通过宝贝卖点展现更多内容，让购买者更深度地了解产品。那么，如果你是李经理，知道该怎样做吗？

根据上面的案例资料显示，李女士经营的是一家"智能家居小店"。她想要达到的目的是"尽可能地使购买者通过阅读宝贝卖点，更全面地了解产品。"因此我们接下来要做的事情如下。

1. 解析智能家居和普通家居的区别

阐述：智能家居与普通家居的区别主要在于，智能家居都具备 NFC 功能。用户可以通过具备 NFC 功能的手机/智能助理机器人等对家居用品进行远程遥控。这样，用户即便是每天早晨不起床也能够玩转生活。让家居用品自己烹制早餐，躺在床上打开电视机、空调、窗户等。

2. 植入智能家居的一些技术性关键词，诱导购买者主动探索

阐述：智能家居很容易就能够和未来生活、黑科技、极客、联系在一起。因此，我们不妨就在宝贝卖点当中植入"NFC、黑科技、未来科技"等关键词，引导购买者主动探寻。

因此李女士的宝贝卖点就可以植入："NFC、黑科技"等相关关键词。同时在宝贝卖点文案当中植入"尽享生活，智能生活"等概念。告知购买者智能家居能给他们的生活带来怎样的变化。

Tips 如果你想要在宝贝卖点当中展现更多内容，使购买者更加了解产品。那么就一定要学会对产品进行深度剖析，弄清楚自身产品与其他同类产品的区别。这样，购买者才会更加全面地了解你的产品。当然，适当地植入一些关于宝贝的技术性词语，也能起到引导购买者进行探索与购买的作用。

6.7 如何在宝贝卖点中对购买者进行"逼单"

有很多卖家都会产生这样的疑惑："为什么都是卖同样的宝贝，文案也写得差不多，怎么他们家的销售量就比我的高呢？"殊不知，这是因为你没有对购买者做好足够的引导。本节，就和你进行探讨，告诉你该如何在宝贝卖点中对购买者进行逼单。

6.7.1 在宝贝卖点中对购买者进行"逼单"的方法有哪些

植入引导词：你可以在宝贝卖点的末尾植入诸如"错过再无、立即购买、直接购买"等字样的引导词。这样，一旦购买者对产品产生兴趣，就会起到提醒的作用，进而形成购买。

制造紧迫感：如果你感觉只是植入引导词有些太过牵强，引导力度不太够，那么还可以刻意地营造紧迫感。我们可以采用"限时优惠、限量发售"的形式，刻意地营造紧张感，制造稀缺性。这样，购买者就有可能在引导下自发地进行抢购了。

营造附加价值：除此之外，我们还可以营造一些附加价值。比如，多附赠一些赠品，或者给予延保、免费售后等增值服务。这样购买者才会被增值服务所吸引，建立起购买的信心。在想要得到更多实惠的心态下进行购买。

6.7.2 在宝贝卖点中对购买者进行"逼单"时该注意哪些问题

与客服配合要密切：如果你选择制造紧张感、营造附加价值的方式对购买者进行逼单，那么就一定要注意与后端客服的密切配合。这样，购买者才会有种"占便宜"的感觉，进而乐于追随店铺。

沉得住气：如果你想要制造紧张感搞一些限量发售，那么就一定要沉得住气，要切实地依照约定的发售量就行发售。即便本次售卖结束后，你手中还有存货也不要进行增补。这样，购买者就会真的感受到"产品的稀缺性"，进而选择在合适的时机来进行购买。

注意文案的节奏感：如果你想要制造紧张感，那么就一定注意把握好文案的节奏感，要在撰写文案时写出那种压迫和紧张的气势，这样购买者才能够在阅读以后被氛围所感染。

6.7.3 案例：以王经理的打火机店为例详解在宝贝卖点中对购买者进行"逼单"

王经理经营一家打火机店。现在他有一批智能打火机想要进行售卖。他想要通过宝贝卖点文案营造一种紧张刺激的感觉。但是，却不知道该如何通过文案来进行渲染与逼单。那么，如果你是王经理，知道该如何进行操作吗？

根据上面的案例分析可知：王经理经营的是一家打火机店。他想要做的事情是：通过宝贝卖点文案营造紧张感。因此，我们就可以以"限量发售"为噱头，编辑宝贝卖点文案。进而，突出智能打火机的稀缺性。具体的操作思路及方法如下：

1. 首先上架100个智能打火机。

2. 当这100个智能打火机售卖一空以后，不再售卖。

3. 待三个月以后继续开始第二轮售卖。

Tips 如果你想在宝贝卖点当中进行逼单，那么就不妨植入一些引导词、制造紧迫感、增加附加价值。这样，才能给购买者营造出一种紧张感，激发占有欲，进而选择立即购买。当然，在逼单时也应注意：1. 与客服配合要密切；2. 沉得住气；3. 注意文案的节奏感。这样，购买者才能够真正地被氛围所代入。

6.8 其他通过宝贝卖点撰写刺激销量的方法

到这里一定有人会问：除了上面的方法，我们还应该通过哪些方法来撰写宝贝卖点，进而刺激销量呢？那么本节，就和你针对这一问题进行详细探讨，教给你更多通过宝贝卖点刺激销量的方法。

6.8.1 通过宝贝卖点撰写刺激销量的其他方法

找到购买者的痛点：在撰写宝贝卖点之前，一定要找到购买者的痛点，要紧密地贴近于生活，写购买者真正关心的方向。这样，购买者才能够感同身受，进而形成共鸣，促成购买。

语言简练：一定要注意，宝贝卖点语言要相对简练，最好形成对仗或者以八个字左右为一行进行撰写。只有购买者阅读起来不会感觉到累，才能静下心来踏踏实实地将产品的信息看全、看完整，甚至记住。

注意语言诙谐：正所谓幽默的人没有人会拒绝，因此在撰写文案的时候也应该记住语言要尽可能诙谐，这样购买者才能够激发起去详细阅读的欲望。进而，在好玩、想要找乐子的心态驱使下，将宝贝卖点进行通读。

植入一些小惊喜：其实还可以在宝贝卖点当中植入一些小惊喜。比如：收藏免邮、好评返现等。这样，同样能在一定程度上起到刺激购买的作用。

6.8.2 在通过宝贝卖点撰写刺激销量时该注意的问题

避免过度承诺：在通过宝贝卖点撰写刺激销量时一定要避免过度承诺，千万不要写一些你根本无法达到的东西，那样阅读者在阅读以后就会拥有一种被欺骗的感觉，进而对店铺产生负面情绪，放弃购买。

注意与产品的相关性：一定要注意淘宝卖点与产品的相关性，千万不要为了刺激销量而写一些根本与商品毫不相关的东西。那样，造成购买者对于商品信息知之甚少，进而影响购买判断。

切忌太过强硬：在撰写宝贝卖点的时候，一定要切忌广告性质过浓，语言太过强硬。那样，只能让阅读者有一种强制消费和强迫买卖的感觉，进而产生厌烦心理。

写出购买者的切实感受：一定要在宝贝卖点当中告知购买者使用的切实感受，以及能够如何解决购买者的切身问题。这样，购买者才能够引发共鸣，进而在需要的时候第一时间记起并进行购买。

Tips　在通过宝贝卖点撰写刺激销量时一定要注意语言简练、措辞诙谐，然后再适当地植入一些小惊喜。这样，才能够刺激起购买者阅读宝贝卖点进而购买的兴致。与此同时，也不要忘了写出购买者的切实感受。这样，才能够真正唤醒购买者的购买欲望。

第7章　宝贝详情页文案该如何撰写

Chapter Seven

有些新手卖家在撰写宝贝详情页文案的时候都会有这样的疑问：该如何将宝贝外观、功能、促销政策、宝贝产地等多种信息有机地融合在一起；更加不知道该按照何种逻辑顺序来撰写宝贝详情页。那么本章，就为你针对这一问题进行详细叙述。

7.1　宝贝详情页文案该包含哪些内容

很多新手卖家在撰写宝贝详情页文案的时候都非常苦恼，不知道该如何组织语言，不知道该将什么样的内容写在宝贝详情页当中比较合适，那么本节就来针对这一问题为你进行详细阐述，告诉你宝贝详情页文案该包含哪些内容。

7.1.1 宝贝详情页文案该包含的内容有哪些

如果你想要知道宝贝详情页文案该包含哪些内容，首先我们要思考的问题就是：客户在决定购买之前到底都想要了解哪些内容。然后，再着手进行编辑。事实上，客户在购买商品时一般无非就是在关注以下几点。

产品信息：包含尺寸、大小、颜色、面料等。总之，要让你的购买者能够通过你的详情页了解到自己适合选择什么型号、什么颜色的宝贝就可以了。

促销政策：比如说满百返现，或者满××包邮等一些相关的促销政策一定要写在宝贝的详情页当中，这样购买者才能够根据自身的需求，选择适合的购买数量。这样就会在一定程度上起到促进销售的作用了。

案例展示：千万不要忘了在详情页当中进行案例展示，这样购买者才能够更加直观地了解到，这个产品在使用的时候能够达到怎样的效果。当购买者切实从照片案例上看到了效果，才会激发出想要去购买的信心，进而形成购买。

产品优势：一定要给你的购买者一个购买产品的理由。因此，产品优势就必须写进产品的详情页当中。要让购买者知道在购买以后，我们的产品到底能够达到怎样的效果。与同类产品相比，哪些地方更有优势。

物流：在现代生活当中物流的好坏也决定着商品的销量。因此，物流和包装这块也应该明确写进商品当中。这样，才能够突出商品的品质。进而，让购买者买得放心、买得安心。

格调：现代人越来越讲究品质，因此我们不妨也在商品当中突出一些情怀方面的东西。这样，购买者就能够被情怀所吸引，进而在共鸣感的驱使之下，形成购买。

7.1.2　在撰写宝贝详情页时该注意哪些方面

注意逻辑顺序：你可以通过起小标题的方式将产品详情页的信息全部展示出来，也可以按照生产制作加工流程来展示商品。总之，你所展示的内容一定要具备逻辑性。千万不能左说一句、右讲一句，让购买者觉得思维混乱。

实事求是：如果你的产品是一款 6 英寸大的蛋糕，那么在拍摄照片的时候就一定要注意。千万不能拍摄成 12 英寸那么大。如果说你的衣服是深蓝色的，那么在拍摄的时候也应该注意光线，千万不要拍摄成黑色。总之，宝贝详情页的撰写一定要讲求实事求是。这样，购买者才会对店铺拥有好感，进而形成回购。

言简意赅：宝贝详情页的撰写一定要言简意赅，千万不能长篇大论。那样，不仅购买者没有耐心全部通读，而且作为卖家的你工作量也是相当巨大的。因此，写宝贝详情页一定要化繁为简，用简练的语言配上精美的图片就可以了。

具体细节要说明：针对宝贝的具体细节，一定要进行详细的说明。比如说"扣子的颜色、鞋底的材质、拉链的耐用性等"，总之，一定要让购买者对产品的具体细节有一个明确的掌控。这样，才能够在无形当中提升购买者的满意度，规避差评。

对比时不要特指：有很多诸如面膜等美妆卖家，会使用对比的方法展示自己产品的优势。那么，在这里就一定要注意，千万不能进行特指。不要说出具体与什么品牌、哪款产品进行对比。那样，只能给自己造成不必要的麻烦。

流量问题要顾及：在撰写宝贝详情页的时候也要考虑流量的问题。插入视频来讲解产品固然好，但也要考虑有些买家在浏览商品时会用手机进行浏览。因此，千万不要插入过大或者时间过长的视频。那样，只能给购买者造成困扰。

7.1.3　案例：以方经理的果蔬店为例，详解宝贝详情文案的撰写

方经理最近经营一家果蔬店，现在他想要推出一种名为"软猕猴桃"的水

果。但是，他却不知道该如何通过宝贝详情页向购买者介绍这款商品。那么，如果你是方经理，知道该如何进行推介吗？

根据上面的案例资料可知，方经理目前想要主推的商品是"软猕猴桃"。那么我们根据常识可知，这种水果在南北方都很少见，属于不被大众熟知的水果。因此，我们就要从产地、种植方式、口感、物流包装等来展开介绍。

> **Tips** 在撰写宝贝详情页文案的时候，要依据一定的顺序来进行撰写。这样，才能给购买者一种清晰的感觉，进而对产品拥有一个明确的认知。当然，在通过对比突出产品的优势时也应该注意：千万不要形成特指。此外，针对产品的小细节也要注意进行引导和详解，这样才能够使购买者对产品更加了解，进而规避不必要的麻烦。

7.2 促销性宝贝详情页文案该如何撰写

有很多新手卖家都有这样的困惑："明明我店铺的活动并不少，为什么购买者就是看不到？"那么你有没有想过，其实是你没做到足够的提醒。那么，本节就教给你撰写促销性宝贝详情页文案的方法。

7.2.1 如何撰写促销性宝贝详情页文案

在一般情况下促销性宝贝详情页文案，有两种撰写方法。第一种：首尾提醒式；第二种：通篇贯穿式。

首尾提醒式：这个比较容易理解，就是在详情页的开头与结尾讲述促销政策，展示促销商品。这样，就能够起到提醒购买者进行参与的目的了。

通篇贯穿式：这个有点类似于专题页，并且需要美工的配合。主要就是以活动为主题，进行产品展示，让大众记住这次促销活动的内容和力度。在页面当中突出紧迫感，这样购买者就会在引导下加速购买决断，进而形成购买。

7.2.2 在撰写促销性宝贝详情页文案时该注意的问题

参与方法要写清：有些促销性活动并不只是促进购买这样简单，还需要购买者进行好评或者添加指定的公众号，并且做一系列动作。这时，作为卖家就一定要写清参与流程。要让购买者看到流程以后，能够顺利地参与到活动当中来。这样，你的促销性宝贝详情页文案才算是切实起到了作用。

讲清责任划分：有很多诸如"限时抢购"的活动，是具备一定条件限制的。因此，一定要讲清活动的起止时间，以及相应的兑奖规则。讲清责任划分，明确告知参与者在什么样的条件下才能享受到促销政策，在什么样的条件下不能享受促销政策。这样，才能在最大程度上避免麻烦。

语言和推案要有冲击力：既然你选择了撰写促销性宝贝详情页，那么就一定要通过图片和文字给购买者营造一种促销的氛围。要让你的购买者拥有紧迫感，有一种机不可失的感觉。这样，购买者才能够被氛围所渲染进而形成购买。

7.2.3 案例：以王经理的茶杯店为例详解促销性宝贝详情页文案的撰写

王经理经营一家茶杯店，现在正值销售淡季。于是，他想要通过促销的方式来促进销量，进行清仓，所有商品降价100元销售。但是他却不知道该如何将这一促销政策告诉给购买者。那么如果你是王经理，知道该如何做吗？

根据上面的案例可知，王经理想要做的事情是：所有商品降价100元进行销售。但是，他却不知道该如何营造促销氛围，让购买者切实感觉到实惠。到这里想必一定有人会说："直接调低价格不就好了？"但事实上，购买者对突然调低价格有多种想法。购买者一般会产生这样的疑惑：1. 为什么他家的东西这么便宜？质量一定不好；2. 已经打折了，还会不会继续降价？因此，我们必须在宝贝详情页当中告知购买者"本次降价有时间限制，机不可失，错过不再！"这样，购买者才能够感受到促销的紧迫感，机会的难得性，进而选择果断购买。因此，王经理可以在宝贝详情页的开头和末尾植入这样几句话。

1. 喜迎××，本店所有商品均降价100元销售。仅限3天，错过不再！

2. 欢度××，降价百元！仅限3天，机不可失。

| Tips | 撰写促销性宝贝详情页的时候，一定要注意"明确告知促销的时间段，以及可享受到促销的条件"。这样，才能在最大程度上避免误会，保护卖家自身权益。当然，为了切实起到促销的作用，也应该注意在图片和文字上营造紧迫感。这样，购买者才能切实被促销氛围渲染，进而形成购买。

7.3 体验性宝贝详情页文案该如何撰写

众所周知，现代人最注重的就是"体验感"，那么我们在撰写宝贝详情页的时候也应该注意这一点。要给购买者一种身临其境，在购买前就切实体验过的感觉。这样，购买者才能够根据自身需求放心大胆地购买产品。那么体验性宝贝详情页文案又该如何撰写呢？本节，就针对这一问题进行详细阐述。

7.3.1 如何撰写体验性宝贝详情页文案

体验性文案，顾名思义，就是需要卖家告知购买者使用完产品后的感受。阅读完以后，就像购买者自己体验了产品一样，切实了解产品效果。因此，植入案例是到目前为止最为便利和直观的一种展示手法。那么，到这里一定有人会问案例该如何植入？那么，下面就来为你揭开这一问题的答案。一般情况下，植入案例分为以下几步。

1. 找到试用志愿者：由于是进行宣传，因此试用员的寻找是有讲究的。首先形象要出众，其次一定要能够展示出产品效果。比如，你是卖祛痘产品的，那么就应该找一些脸上有痘的人来使用本产品，进而让购买者来看到使用前后的变化。

2. 试用志愿者要说出感受：在使用完测试产品以后，一定要让试用的志愿者说出他们的真实感受。这样，购买者才能够清晰明了地知道这款产品是否适合我。进而，在引导下根据需求进行选择。

3. 整合成案例进行展示，插入在宝贝详情页中。

7.3.2 在撰写体验性宝贝详情页文案的时候该注意哪些问题

言简意赅：既然是在宝贝详情页当中插入案例，那么就应该确保言简意赅。千万不要平铺一堆文字，造成阅读和理解上的障碍。只需要言简意赅地告知购买者，我的产品有哪些效果、哪些是对你有利的，其实就已经足够了。

效果鲜明：一定要在插入的案例当中让购买者明确地知道使用之前和使用之后的区别。这样，购买者才能够像自己已经试用过产品一样，根据自身需求做出合理的选择。

避免夸张：在宝贝详情页插入案例的时候，一定要避免夸张；千万不要盲目地夸大效果，或者通过图片和文字制作出根本达不到的效果。那样，只能让你的购买者有一种被欺骗的感觉，进而对店铺和产品大失所望。

7.3.3 案例：以安经理的面膜为例详解体验性宝贝详情页文案的撰写

安经理刚刚创建一家面膜店，现在他想要上架一系列面膜。但是，却不知道该如何以直观的方式告诉购买者敷完面膜后的感受。那么，如果你是安经理，知道该如何进行操作吗？

根据上面的案例资料提示，安经理需要做的事情是：上架一系列面膜，并且，将使用后的效果直观地告诉给购买者。因此，安经理需要做的事情就是：

- 首先找一些志愿者，发放一些面膜给潜在客户（18～27岁的女子）；
- 引导这部分人在使用完面膜以后，晒出自己的前后对比照，并讲出真实感受；
- 搜集这些资料，并制作成使用案例；
- 将使用案例插入到宝贝详情页当中去。

Tips 在撰写体验性宝贝详情页文案的时候，最主要的就是"体验"二字。一定要引导第一批试用人员写出自己的真情实感。这样，当更多购买者来进行购买时就能够感同身受，进而根据需求进行购买了。与此同时，千万不要忘记避免夸张，文案也要言简意赅。这样，才能便于购买者在短时间内更快地了解产品。

7.4 对比性宝贝详情页文案该如何撰写

有很多卖家都会通过对比来突出自己的商品，那么我们在撰写对比性宝贝详情页文案的时候，又该注意哪些方面呢？那么本节，就和你针对这一问题进行探讨，告诉你撰写对比性宝贝详情页文案的方法。

7.4.1 如何撰写对比性宝贝详情页文案

营造差异感：这个比较好理解，就是在文案当中将本产品与其他产品的差异感突出，这样购买者就能够一目了然地明白，使用完本产品以后和其他产品有什么不同之处，进而选择在你的店铺进行购买。

突出核心优势：每一款产品都有其自身独特的核心优势，你只需要找到自己产品当中所具备的那个不可复制的优势即可。比如，别人的都是药物面膜，而你的是纯天然面膜。那么这个纯天然，就是你的核心优势。

放低门槛：对比性文案最主要的就是，既告诉购买者使用完以后的效果，又要让他们知道其实每一个人都可以使用，都可以变成我们这样。因此，在文案撰写方面一定要放低门槛；要让所有购买者都意识到，他们在使用完产品后都可以获得和我们一样的理想效果。

7.4.2 撰写对比性宝贝详情页文案时该注意哪些方面

避免特指：在撰写对比性宝贝详情页文案的时候，一定要避免特指，千万不要贬低任何一个品牌的商品。在对比时应该增加"与同类产品相比更……"等字眼。让购买者记住你与其他品牌产品的不同即可。

深耕产品：在撰写对比性宝贝详情页文案之前，一定要深耕产品。要让购买者知道你的产品的不可复制性。这样，就会在一定程度上避免同质化产品的出现。

语言简练：在撰写对比性文案的时候语言一定要简练，最好只说不同之处，说出产品的差异性、优势即可。对于那些众人皆知的、相同的优点就可以适当地隐去了。

7.4.3 案例：以李经理的智能手表为例详解对比性宝贝详情页文案的撰写

李经理经营一家智能手表店，现在他想要上架一款新型智能生活助理手表，除了可以接打电话还能设置闹铃、控制家电，更能充当门卡、GPS、计步器、血压监测仪等。但是李经理却不知道该如何向大家推荐他的这款新型智能手表。那么如果你是李经理，知道该如何做吗？

根据商贩的案例资料分析，李经理需要做的事情是：通过宝贝详情页向大家介绍他的这款智能手表。那么，我们又该怎样一目了然地使更多人了解李经理这款手表的优势呢？没错，那就是对比。因此，我们就可以拿李经理的这款智能生活助理手表与其他普通手表进行对比。主推：智能生活、GPS、健康管理、门禁卡等功能。旨在告诉买家，购买这款手表能够使生活简单化。

> **Tips** 在撰写对比性宝贝详情页文案的时候，一定要注意突出产品的不可复制性优势。这样才能确保竞争力，使更多购买者选择你的产品。同时，在对比时一定要注意避免特指，否则只能带来不必要的麻烦。

7.5 警示性宝贝详情页文案该如何撰写

有很多新手卖家都渴望购买者能够通读宝贝详情页文案，那么你知道该怎样才能吸引购买者的注意吗？本节就教给你一个非常惯用的手法："警示性文案"。那么什么叫警示性文案？警示性文案又该如何进行撰写呢？在撰写时又该注意哪些方面呢？本节，就为你针对上述问题进行详细阐述。

7.5.1 如何撰写警示性宝贝详情页文案

到这里一定有人会问：警示性宝贝详情页文案该如何撰写？其实，答案很简单：就是要找到大众平时不注意的点，然后针对这一点进行提醒即可。比如，你是卖水杯的，那么你就可以提醒"水杯口过小会咬人"。从而，引起购买者的注意。

想必，到这里你也能总结出警示性宝贝详情页文案的撰写思路了。那就是：

1. 分析自身产品，找到大众生活盲区；

2. 植入警示性语言，针对盲区进行提醒；

3. 告知购买者：该怎样做才能避免陷入盲区。

7.5.2 在撰写警示性宝贝详情页文案时该注意哪些问题

植入引导性语言：这一点不用多说，警示性宝贝详情页文案很自然就是要引导购买者来关注你的产品。因此，一定要植入一些诸如：注意啦！你知道吗？这样就危险了！等警示性引导词汇，来强制购买者在浏览时特别注意。

发现切实问题：在撰写警示性宝贝详情页文案时还应该注意发现切实问题，你所警示的问题一定要是对购买者生活影响性极大、而且息息相关的。这样，购买者才会提起购买的兴趣，进而保持关注。

讲解要有深度：警示性宝贝详情页文案的目的就是引导购买者发现之前生活中经常遇到的问题，然后通过购买产品来予以解决。因此，你在撰写文案时讲解要深入，要让购买者一目了然地知道你的产品用处是在哪里就可以了。

避免不实消息：你所警示和告知的内容一定要具备真实性。千万不要警示一些根本不存在或者根本不可能发生的隐患。那样，只能给你的购买者造成不必要的恐慌。更有甚者，会使购买者对店铺与品牌失去信任。

7.5.3 案例：以刘经理的减肥药品店为例详解警示性宝贝详情页文案的撰写

刘经理经营一家减肥药品店，现在他想要上架一款中医药瘦身贴膏。但是他却不知道该怎样在宝贝详情页当中向购买者介绍这款产品。那么，如果你是刘经理，知道该如何向购买者进行介绍吗？

根据上面的案例资料分析，刘经理想要做的事情是：推荐中医药瘦身贴膏。那么，我们接下来需要思考的问题是：中医药贴膏与传统减肥药有什么区别？没错，那就是副作用小、安全性更大、更方便。

因此，刘经理就可以在宝贝详情页当中植入诸如"注意啦！传统减肥药或将隐藏致命危险"等标题。进而，介绍这款中医药瘦身贴膏，在安全性上更可靠、外贴更方便等优势。提醒广大爱美爱瘦身的女孩，选择适合的安全性高的瘦身贴膏来进行减肥。

> Tips 在撰写警示性宝贝详情页文案的时候一定要注意，要切实帮助购买者发现生活当中存在的实际问题。这样，购买者才能够在文案的引导之下，有选择地进行购买。进而，规避生活当中存在的风险。与此同时，还应注意所提醒的内容一定要客观存在，千万不要撰写一些不靠谱的信息。

7.6 文艺性宝贝详情页文案该如何撰写

现在有很多店铺卖家都想要为自己的店铺营造一些文艺性的特质，进而吸引更多人记住店铺。那么到这里就一定有人会问"到底文艺性宝贝详情页文案该如何撰写"？到底怎样做才能增加店铺的文艺感？那么本节，就针对这一问题与你进行详细探讨。

7.6.1 如何撰写文艺性宝贝详情页文案

关于文艺性宝贝详情页文案到底该如何撰写，其实，答案非常简单。文艺性宝贝详情页文案重点在于：文艺。只要你找到了那个可以贯穿店铺的基调就可以了。

那么这个基调该如何寻找呢？其实，也不难。基调是由你所售卖的产品决定的。比如说：你售卖的是森系服装，那么基调就应该是小清新的。如果你售卖的是美妆或者潮牌服饰，那么基调就应该是华丽的。

设定完基调以后，你只需要一直朝这个方向进行文案优化就可以了。

7.6.2 在撰写文艺性宝贝详情页文案时该注意哪些问题

具备一致性：在店铺设立之初是什么基调，那么你后续的文案就都需要围绕这个基调来进行操作，一定要保持店铺整体基调的一致性；千万不要前几个产品是小清新风格，后面产品是朋克或者火星文。那样，只能给你的购买者造成认知错乱。

注意画面感：写文艺性宝贝详情页文案主要的目的是营造一种环境，只有购买者通过阅读文字能够产生你所烘托出来的感觉，购买者才会有一种身临其境之感，进而形成购买。因此，在文案上一定要注意营造画面感。

7.6.3 案例：以刘经理的图书小店为例详解文艺性宝贝详情页的塑造

刘经理经营一家图书小店，现在他想要入驻淘宝平台，开淘宝店来售卖图书。他想要给购买者营造一种文学气息比较浓郁、浪漫清新的感觉，进而呼吁大家都来购买图书。但是，他却不知道该怎样撰写宝贝详情页文案。那么如果你是刘经理，知道该如何通过文案营造这种感觉吗？

根据上面的案例可知，刘经理经营的是一家图书小店。那么，我们需要思考的就是"书店该营造怎样的氛围？"没错，那就是知识底蕴丰厚、浪漫、小清新。因此，刘经理就可以主要烘托读书给人带来的好处这类。以清新、淡雅的文风来进行文案撰写。

> **Tips** 文艺性宝贝详情页文案，重点在于氛围烘托。当然，所烘托的氛围一定要与所售卖的商品保持一致性。同时，在撰写文艺性宝贝详情页的时候一定要注意画面感，要让购买者在阅读以后在脑海中能够浮现画面感。这样，你的文案才能够起到带入的作用，进而根据购买者自身需求来进行购买。

7.7 悬念性宝贝详情页文案该如何撰写

在浏览店铺的时候你还会发现这样的一个现状,有些卖家故意不说出宝贝到底是什么?进而,引导购买者自行猜测。当购买者产生好奇感以后,自然而然就会形成购买了。那么,你知道这是为什么吗?没错,这就是卖家利用了购买者的好奇心理。那么我们在运营店铺时又该如何巧妙地通过设置悬念,来激发购买者的好奇心呢?本节,就针对这一问题为你进行详细的讲解。

7.7.1 如何撰写悬念性宝贝详情页文案

事实上,运营店铺时不仅可以在宝贝上面做文章,在宝贝详情页当中也可以留有悬念。在一般情况下,设置悬念的方法有这样几种。

在宝贝外观上设置悬念:这种方式比较常见,在一般情况下需要店铺针对某一商品给出一个系列外包装模板。然后,在宝贝详情页当中备注:拍下随机发放。这样,同样可以调动起购买者的兴致。可以让购买者在好奇心的驱使下进行购买。进而,看一看到底卖家能够给我发来哪种外包装的产品。

在宝贝附加赠品上设置悬念:这种方式在促销时非常常见。在店铺举办活动时,卖家会将一些价值 10～100 元不等的商品作为赠品来发放。当然,价格越高的赠品数量越少。因此,为了吸引购买者碰运气,卖家都会故意留有悬念,在宝贝详情页当中告知赠品随机发放。这样,想碰运气的购买者就会进行购买了。

新品发布时设置悬念:众所周知,新品发布那是万众瞩目的事情,因此可以起到调动购买者来进行购买的作用。卖家一般都会故意释放产品的概念图,进而吸引想要查看实物的购买者进行购买。在一般情况下,卖家可以故意不释放新品图标,进而通过宝贝详情页的引导,来促使购买者购买。进而,揭开问题的答案。当然,这样的悬念就需要卖家具备极强的编故事的能力了。

在宝贝功能上设置悬念：有些黑科技产品会新增很多之前大众意想不到的功能。为了引起购买者的注意，同时为了加深大众对于产品的印象；有些卖家就会在功能上设置悬念。引导购买者通过购买和使用，来得知这一隐藏功能到底是什么。

7.7.2 在撰写悬念性宝贝详情页文案时该注意哪些问题

注意故事的真实性：在设置悬念的时候一定要注意故事要具备足够的真实性。即使那个故事真的是你自己杜撰的，那么也需要至少看起来像是真实发生似的。只有这样，购买者才能被故事所带入，进而对产品产生好奇感。

注意产品价格与实物的对等性：既然你在产品的外包装上留了悬念或者干脆隐藏了产品，让大家通过购买来得到答案，那么，一定要确保产品价格与实物价值对等。不能说你售卖了1000元的产品，并且将产品是什么设置成了悬念，当购买者买到手以后发现其实就是一包面巾纸。这样，难免会给购买者造成被欺骗的感觉，进而产生差评，对店铺失信。

产品要足够吸引人：既然你在产品上设置了悬念，那么就一定要确保你的产品真的很吸引人。否则，购买者就不会激发起想要通过购买而揭开答案的欲望。自然，销售效果也就不尽如人意了。

7.7.3 案例：以王经理的创意产品店为例详解悬念性宝贝详情页的撰写

王经理经营一家创意产品店，现在他想要上架一款图书灯。但是，他却不知道该怎样才能调动起购买者购买的欲望。那么，如果你是王经理，知道该如何编辑淘宝详情页文案吗？

根据上面的案例资料可知，王经理经营的是一家创意产品店。他想要推荐的是"图书灯"。因此，我们就可以在图书上设置悬念。引发购买者猜想，当图书变成灯以后是什么样子的？进而，通过编写故事的方式引发购买者的兴趣。

> **Tips** 悬念性宝贝详情页文案主要在于通过设置悬念，引发购买者的购买兴趣，通过购买来揭开问题的答案。因此，我们首先就要保证商品的价值与价格对等。否则，就会让购买者形成一种被欺骗的感觉。当然，与此同时，我们还应该注意学会讲故事。只有你的故事讲得越真实，购买者就越能够被故事带入，进而激发出购买的兴致。

7.8 情感性宝贝详情页文案该如何撰写

在进行营销的过程当中有一种营销手段屡试不爽，那就是情感营销。只要抓住了购买者在生活当中的某一个点，那么购买者就会自然而然地被你的文案所吸引进而形成购买。那么，我们在日常的工作当中又该如何来撰写情感性宝贝详情页文案呢？本节，就针对这一问题为你进行详细的解析。

7.8.1 如何撰写情感性宝贝详情页文案

了解产品功能：在撰写情感性宝贝详情页文案之前，最主要的就是要了解产品都拥有哪些功能？这些功能是否真的可以帮助购买者解决生活当中所遇到的实际问题？弄懂了这些以后，你所撰写的文案才能真的直戳人心。

找到生活痛点：除了了解自身产品以外，深度了解大众生活当中的痛点也至关重要。一定要找那些自身产品能够解决的，在生活当中又非常棘手的点。这样，才能够在最大程度上引发购买者的共鸣，进而增加销售。

7.8.2 在撰写情感性宝贝详情页文案时该注意哪些问题

痛点要具备普遍性：你撰写情感营销文案所找的痛点，一定要具备普遍性。这样，购买者才能够真正地被吸引过来，进而引发共鸣形成购买。比如说，你可以找挤地铁这一点来写。因为几乎每一个工薪族都会挤地铁。类似于这种大众在日常生活当中能够接触到的点，都可以拿来进行撰写。

言简意赅：你在撰写情感性营销文案时，也应该注意言简意赅。这样，购买者才能够在第一时间接收到你所传递的信号，进而选择与你产生共鸣。如果你所撰写的文案过长，那么购买者也会造成理解障碍，进而放弃阅读。

不要堆砌华丽辞藻：情感性营销重点在于唤醒大众心底的共鸣，而不是将华丽的辞藻摆在大众面前，让大众看不懂。因此，在撰写时一定要注意语言通俗平易；让大众看得懂，看得明白，知道你想要讲述怎样的情感，就可以了。

7.8.3 案例：以阮经理的足疗盆为例详解情感性宝贝详情页文案的撰写

阮经理的店铺最近上架了一款足疗盆。可以进行药物泡脚，同时进行足底按摩，对促进中老年人血液循环，健康养生具有绝佳作用。看着千篇一律的广告说词，阮经理想要寻找不同的切入点。他想要通过情感营销的方法吸引更多人来购买足疗盆。但是，他却不知道该怎么去撰写。那么如果你是阮经理，知道这种情感营销文案的撰写思路是什么吗？

显而易见，阮经理最近上架的是一款足疗盆，并且渴望通过情感营销的方式来撰写软文。那么，我们接下来需要思考的就是：中老年人与足疗盆是什么关系？他们用足疗盆能做什么？没错，那就是放松。而中老年人，又往往会因为要照顾孩子和孙子而放弃休息。

因此，我们就可以以"该让父母歇歇了"或者"别让父母操劳一辈子"为切入点，来撰写这个情感软文。进而，唤醒广大年轻人要照顾好父母，注意让父母好好休息。

Tips 撰写情感性宝贝详情页文案重点在于找到大众生活当中的痛点，并将痛点与产品联系起来。明确告知购买者我们的产品到底能为你带来怎样的效果。当唤醒大众并产生共鸣时，就会自然而然地形成购买了。当然，一定要注意你所撰写的痛点要具备普遍性。这样，才能增加代入感和煽动性。

7.9 在撰写宝贝详情页文案时该注意哪些问题

到这里有很多卖家一定会问："我按照本章前面所讲述的方法来撰写宝贝详情页就可以了吗？"答案当然是否定的。事实上，本章仅讲述了几个撰写宝贝详情页文案的思路。在撰写宝贝详情页时还有诸多问题需要考虑。本节，就为你揭开这一问题的答案。

宝贝基本信息要写全：基本信息这一点自然不用多说，一定要写全。这样，购买者才能够通过文案对宝贝有一个初步的认知。

细节要展示到位：细节展示非常重要。如果你的衣服上面左肩是镂空，那么就要明确地写清楚。这样，才能给购买者一个完美的购物体验。避免产生购买者由于认知不足，而造成购买后反悔的尴尬。

规格尺码要写好：有很多宝贝购买者非常喜欢，但买到家却发现其实自己根本穿不上，退换货也非常麻烦，因此就会形成差评。因此，对于宝贝的规格尺码一定要明确写出。这样，购买者才能够真正地根据自身需求进行选择，进而避免不必要的麻烦。

品牌介绍不可少：如果你的宝贝是某一品牌直销的，或者得到了某一品牌的授权。那么就一定要明确地写出来，这样购买者就会在短时间内建立起购买这一产品的信心，进而形成购买。如果不写品牌，那么很可能就会造成客户流失，得不偿失。

搭配推荐要写好：如果你是售卖服装或者箱包鞋帽的，那么最好在宝贝详情页为你的购买者推荐一些搭配。如果搭配真的不错，这样久而久之购买者就会形成习惯和依赖。在购买商品 A 的时候，自然就会将搭配它的其他宝贝也买下来，这就在无形当中帮助店主提升了销量。

促销信息不能忘：如果你的店铺这段时间的确有一些促销政策，那么就一定要将这些促销政策写进宝贝详情页当中。这样，购买者就会在促销政策的吸引下形成购买需求，进而购买你的商品。

适当展示买家反馈：无论何时，买家的反馈都能够起到引导购买的作用。因此，作为卖家不妨适当地在宝贝详情页当中展示一些买家的反馈。这样，购买者就会在阅读以后对店铺产生信任感，进而形成购买。

购物须知要丰富：如果可以，一定要在宝贝详情页中完善购物须知，将购物时可能发生的不愉快或者误解统统明确地写出来，让购买者明确知道我的货物何时可以到达？怎样使用是正确的？宝贝会有哪些方面的问题？这样，当购买者发生问题时就不会显得措手不及了。

> **Tips** 在撰写宝贝详情页文案时一定要将可能发生的问题考虑全面，尽可能全面地展示商品各方面的信息。这样，购买者才能做好合理的预期，进而提升购物的满意度。

第 8 章　如何通过文案使更多人记住店铺

Chapter Eight

有很多卖家都会有这样的苦恼，淘宝平台上的店铺千千万，那么我们需要怎样做才能让购买者对我的店铺过目不忘呢？别着急，凡事都讲究方式方法。那么本章就来为你揭开这一问题的答案，帮助你增加店铺的辨识度，加深购买者对店铺的印象。

8.1　将企业愿景植入文案当中

现在有很多企业也开通了淘宝店铺，那么这个时候作为店铺的运营者就需要将自己的店铺与其他个人运营的店铺区分开来。到这里一定有人会问："到底该怎样做才能让购买者一目了然地知道我们店铺的权威性？"其实答案非常简单，那就是：植入企业愿景。那么我们在具体的工作当中又该如何来进行操作呢？本节，就针对这一问题为你进行详细阐述。

8.1.1 该如何将企业愿景植入文案当中

将愿景融合成一句话：有很多人觉得企业愿景与文案不搭配，无法植入。如果你真的这么想，那就大错特错了。其实，我们可以将企业愿景融合成一句广告语植入到淘宝文案当中。比如，企业愿景是让所有人都吃上绿色蔬菜，那么，我们就可以在写文案时植入"让你吃上放心菜/放心菜不应过于昂贵"等广告语。

将愿景做成感人视频：企业愿景一般都是美好的愿望，都偏感性化。那么我们不妨就将企业的日常工作、努力的样子、解决困难时的卖力，都做成视频，一股脑儿地呈现给购买者。只要是你用心制作的，那么购买者就能够在第一时间感受到那份诚心，进而对店铺和企业加深印象。

细化制作过程：现在有很多卖家都会专注于讲述产品有多么多么好，但却很少有人敢于将产品的制作流程全程透明化地呈现出来。因此，我们不妨反其道而行之，让购买者知道我们的产品是怎样制作出来的。这样，购买者在购买时就会更加放心、安心了，自然而然地，就会对品牌拥有好感度，加深印象。

老总现身说法：现在有很多老总都会站出来为自己的企业和店铺发声，而大众对企业老总也都拥有一贯的好奇心。因此，老总就可以成为企业店铺的名片，将他对品牌和企业的理解，以及设计产品的初衷制作成视频展示给购买者。这样，企业就在无形当中与购买者形成了互动。当购买者认识了老总以后，难道还愁他们记不住企业和店铺吗？

8.1.2 将企业愿景植入文案当中时该注意的问题有哪些

氛围烘托很重要：无论选择哪种植入手段，都一定要注意氛围烘托。要给购买者一种代入感，这样购买者才能在文案和视频的引导之下，有选择地进行购买。

要给购买者留一些槽点：既然是想要购买者记住店铺，那么就一定要注意留给购买者一些槽点。要让购买者在阅读以后，有可以和朋友进行吐槽和交流的点。这样，在聊天时就自然而然地使购买者记住了你的企业和店铺。

实事求是：无论怎样植入企业愿景，都一定要实事求是。产品是怎样生产的，就怎样呈现给购买者。产品能达到什么效果，就说什么样的效果。千万不要过度承诺，或者干脆信口开河。那样，只能让购买者对你的店铺和企业失望，进而产生被欺骗的感觉。

8.1.3 案例：以吴经理的水产为例详解将企业愿景植入文案当中的方法

吴经理经营一家水产公司，一直以来致力于提供无污染的水产品，现在他想要开设一家淘宝店铺。但是，却不知道该怎么做才能让更多人记住店铺。那么，如果你是吴经理，知道该如何操作吗？

根据上面的案例可知，吴经理的企业愿景是：提供无污染的水产品。因此，如果想要购买者记住我们的店铺就应该着重展示"无污染"这块。因此，我们不妨就将水产品打捞、包装、运输等这一套流程制作成短片，呈现给购买者。这样，购买者在浏览到短片后，就会自然而然地提升信任度了。

当然，我们还可以撰写一条广告语，诸如"让你吃上放心的海产品"等。

> **Tips** 如果你想要让购买者加深对企业的印象，那么就不妨将企业愿景植入到文案当中去。我们可以写一句广告语，还可以将产品制作流程做成视频，更可以让企业老总站出来讲述企业的过往。这样，购买者就会被氛围所感染，进而选择你的店铺来进行购买了。

8.2 设定好固定的购买人群

如果你想要让购买者记住店铺，还要学会拉拢特定人群。因此，这就需要你在店铺的成立之初就设定好固定的购买人群。这样，当购买者在阅读时就会感受到店主的用心，进而引发共鸣。那么本节，就来教你该如何为店铺设定固定购买人群。

8.2.1 购买人群该如何设定

到这里，一定有人会问："到底该如何为店铺设定好固定的购买人群？"其实，答案非常简单。设定购买人群一共有这样几种方法：1. 根据商品来设定；2. 根据店主的偏好来设定。

1. 根据商品来设定：这个比较简单，店主需要依据自身所售卖的商品来设定购买人群。比如，你售卖的是软饮料，那么就需要设定年轻人群来作为购买人群；你售卖的是纪念金币，那么就需要设定具有消费能力的成功人士或中年人作为购买人群。

2. 根据店主的偏好设定：有些年轻店主对于二次元或者电影的研究颇深，那么店主不妨就依据自己的偏好来设定购买人群。这样，你本身就是所属领域的专家，很容易就可以和购买者拉近距离形成良性互动。

8.2.2 在设定购买人群时该注意的问题有哪些

要尽量大众化：你所设定的购买人群一定要相对来说大众化，这样才能确保有足够的意向客户来浏览你的店铺。如果你所设定的购买人群过于小众，那么就会造成意向客户较少的状况，很容易造成你的店铺无人问津的尴尬局面。

营造人群属性：设定好了购买人群以后，就需要在文案当中营造人群属性了。比如，如果购买人群是年轻人，那么文案就可以相对活泼幽默一点，语言也可以偏向流行化和腹黑；如果设定的购买人群是五六十岁的中老年人，那么就可以增加一些怀旧和复古的元素，引发这部分人的共鸣。

深耕购买人群习惯：一定要深耕购买人群的习惯，熟知你的购买人群到底喜欢什么？生活方式是什么？什么事物能够勾起他们的回忆？这样，才能更好地营造人群属性，使你的购买人群加深印象。

8.2.3 案例：以魏经理的黑科技店铺为例详解购买人群的设定

魏经理想要经营一家黑科技店铺，他想要吸引喜欢黑科技的人群来进行购买。但是他却不知道该怎样设定购买人群，唤醒这部分人的共鸣，使更多的人来购买。那么如果你是魏经理，知道该如何进行操作吗？

根据上面的案例资料可知，魏经理想要经营的是一家黑科技店铺。那么我们接下来需要思考的问题就是"怎样的人会购买黑科技产品？"没错，那就是年轻人以及具备消费能力的高管，25~40岁左右的人群。同时，极客也会进行购买。

因此，魏经理在运营店铺时就应该偏向"极客、青年人"的喜好特征来进行文案发布。同时，营造酷炫、未来科技等氛围。

> **Tips** 如果你想要吸引意向客户，那么还应该学会设定好购买人群。一定要注意，设定完购买人群以后要深耕这部分人的生活习惯及偏好。这样，才能在文案和宣传上与他们真正形成共鸣，拉近与购买人群的距离。当然，还应该注意购买人群一定要相对大众，不要框定得太过小众，那样只能造成店铺无人问津的尴尬。

8.3 说出购买者想说的内容

试想一下，如果有个人说出了你的心里话你会觉得这个人怎么样？没错，你会感觉非常亲切,然后在短时间内就熟络了起来。就是这个原理,我们在运营店铺时也要注意说出购买者想说的内容,这样就会使购买者更加信任店铺,进而记住店铺了。那么本节,就针对这一问题与你进行详细探讨。

8.3.1 该如何说出购买者想说的内容

说出购买者心中的疑虑:众所周知,购买者在浏览完店铺的时候一定会产生诸多疑虑。那么作为店主不妨首先说出购买者心中的疑虑,让购买者知道你所思考的问题卖家都为你想好了。这样,就能够在最大程度上与购买者拉近距离,增强好感度。

说出购买者可能遇到的问题:众所周知,购买者在购买商品时就怕出现这样或者那样的问题。因此,作为卖家不妨首先说出购买者可能遇到的问题。这样,购买者就会感觉非常贴心,认为店主想得比较周到,从而就会放心地来店铺购买了。

说出购买者的生活痛点:购买者之所以会购买商品就是要解决某种需求,因此作为店主一定要说出购买者的生活痛点。让购买者知道你的商品能够解决生活当中的哪些问题。这样,购买者就会瞬间引发共鸣,进而选择购买了。

8.3.2 在说出购买者想说的内容时该注意哪些问题

找到购买者的痛点:如果想要引发购买者共鸣,那么就一定要注意深度留意生活。找到购买者在生活当中遇到的实际问题,这样购买者才能够在脑海里形成情景回顾,进而引发共鸣促成购买。

将自己作为购买者进行推演:如果你想要深度了解购买者到底关注的是哪方面事情,那么不妨就将自己作为购买者来亲身体验下店铺,这样你就可以一目了然地知道,到底购买者关心的是哪些方面了。

8.3.3 案例：以王经理的厨具店铺为例详解该如何说出购买者想说的内容

王经理想要经营一家厨具店铺，但是他却不知道该如何撰写文案才能引发更多人对于店铺的关注。那么，如果你是王经理，知道该怎么做吗？

根据上面的案例资料可知，王经理经营的是一家厨具店铺。因此，我们接下来需要思考的问题就是"在日常生活当中大家使用厨具时都会遇到怎样的问题？"没错，厨具摆放零散、刀子不好用、橱柜使用久了会变形。

那么，王经理就可以以这些为切入点，来向大家推荐自己的厨具。

Tips 如果你想要让文案被更多的购买者记住，那么就不妨站在购买者的角度进行深度思考，发现购买者在生活当中可能出现的问题。然后，告知他们这些问题的解决方法。这样，购买者就会发现店主的用心，进而对你的店铺产生好感。

8.4 深度挖掘商品细节卖点

如果你足够细心就会发现，其实很多产品都产生了同质化，似乎同类产品就没有什么创新了。但事实上却并非如此。如果你仔细挖掘，就会发现有很多细节化的卖点不仅卖家没有注意到，连购买者自己其实也未曾留意。因此，作为新手卖家就可以抓住这一点对自身产品进行深度挖掘，这样就能够在竞争中拔得头筹了。那么本节，就教给你该如何深度挖掘商品细节卖点。

8.4.1 该如何深度挖掘产品细节卖点

找到容易被忽略的点：就让我们拿水杯来举例，很多人在售卖水杯时都会强调我的水杯外观好看、容量大、材质好。但却很少有人会留意杯口的大小，及安全性。因此，作为卖家就应该想到这一点，进而突出说明杯口大小无安全隐患，孩子喝水更放心。

强化安全性：无论售卖怎样的商品，安全性都是重中之重。因此，一定要在售卖时强化安全性。这样，购买者才会觉得卖家的确考虑得非常周到，进而选择我们的产品。

增加附加值：附加值是企业在经营过程当中唯一不可复制的东西。因此，我们就需要尽可能地为产品增加附加价值。这样，购买者就能够很容易地选择出性价比更高的店铺来进行购买了。

突出差异化：就和世界上没有两片相同的叶子一样，就算是同质化产品也会有不同的地方。那么作为卖家就应该深刻地意识到这一点，并且针对产品进行深度挖掘，这样购买者才能够看到产品的不同方面，进而选择更加适合的产品来进行购买。

专业知识普及：有很多人在购买大件或高科技商品时，根本不知道需要怎么来挑选，更加不知道应该注重哪些方面。那么作为卖家，你就可以详细地为购买者进行知识普及。这样，当购买者通过阅读你的文案增长了专业知识，对商品拥有了更深度的认知以后，难道还愁他们不会来购买吗？

8.4.2 在挖掘产品细节卖点时该注意哪些问题

深度了解对手：如果你想要树立自己店铺产品的独特性，那么就一定要深度了解竞争对手。观察你的竞争对手都在宣传产品的哪些方面。这样，你就可以反其道而行之，介绍产品的其他方面，以及容易被忽视的方面。这样，购买者就能够在第一时间全面了解产品，进而选择更加信服的店铺来进行购买了。

深度了解产品：除了了解竞争对手以外，还需要深度了解产品。这样，你才能够轻松地找到差异化竞争优势，进而使购买者觉得你的产品更全面、功能更强大。如果你自己对产品都不太了解，那么也就谈不上什么撰写差异化优势或者隐藏功能了。

提升自身服务水平：正所谓打铁还需自身硬，除了在差异化优势和细节优势上做文章，店铺还应该提升自身服务水平，增强专业知识素养。一定要让购买者通过阅读你的文案能够了解更多，购买以后还能及时解决棘手问题。这样，你的口碑便会形成，附加值就会大大提升。

8.4.3 案例：以王经理的智能门锁为例详解商品细节卖点的挖掘

王经理最近上架了一款智能门锁，但是市场上的智能门锁产品诸多，他不知道该如何向购买者推荐自己的商品。那么，如果你是王经理，知道该如何推荐自己的商品吗？

根据上面的案例资料可知，王经理经营的是智能门锁。那么，我们接下来应该思考的就是智能门锁能够出现哪些问题？与普通门锁有什么区别？

其实，答案非常简单。智能门锁可能出现的问题有：

1. 手提重物后，指纹解锁会不好用；

2. 出门没带备用钥匙，指纹解锁不好用时会特别尴尬；

3. 老人可能需要耗费大量的时间才能学会操作智能门锁。

与普通门锁的区别是：

1. 无须携带钥匙，更加便利；

2. 高新科技护航，居家生活更安全。

因此，王经理就应该主要阐述产品的下列方向：

1. 指纹与脸部识别双管齐下，就算忘带备用钥匙也不会尴尬；

2. 锁芯是××牌，纯铜打造，更结实耐用；

3. 操作简单，老人易学。

> **Tips** 当产品出现同质化以后，为了使购买者加深对店铺的印象，我们可以深度挖掘商品的细节卖点。着重寻找容易被大众忽略的点，同时提升商品的附加价值。当然，找到差异化优势也是促销必不可少的手段。此外，如果实在没什么特别之处，普及专业知识也是惯用的手段。

8.5 突出店铺的核心竞争力

除了上边的方法之外，有些店铺还拥有自己独特的技术，那么我们不妨就突出店铺的核心竞争力，这样更加有利于购买者记住你的店铺。

8.5.1 该如何突出店铺的核心竞争力

自有技术：如果你的企业拥有自有技术，很显然这个一般很难复制，你可以放心大胆地宣传你的自有技术，这样购买者就会一目了然地明白原来你的店铺技术强大，进而选择你的店铺进行购买。

不断迭代：如果企业不具备自有技术，那么创新力也可以作为核心竞争力。你可以将商品不断地进行迭代，每隔一个时间段就让购买者看到全新的升级版商品。这样，购买者就会知道你的店铺是在不断优化商品的。进而，选择在你的店铺进行购买。

强化人才：现在无论是何种企业都会将人才视作最宝贵的核心竞争力，因此你可以宣传人才储备。这样，购买者就会意识到你的商品背后拥有强大的人才支持，进而信服你的产品，选择在你的店铺里购买。

8.5.2 在突出店铺核心竞争力时该注意的问题

实事求是：在突出商品核心竞争力时一定要注意实事求是，这样购买者才能够在购买以后感觉到货真价实。否则，就会给购买者一种被欺骗的感觉，进而对店铺产生负面情绪。

强化老客户群优势：如果你的核心竞争力是迭代，那么就一定要强化老客户群的优势，每次迭代后都首先针对老客户进行免费的版本更新。这样，购买者就会知道我选择在这家店铺购买，就相当于上了一份终生保险。无论市面产品怎样更新，我都能在第一时间享受到更新后的版本。

案例配合：在突出核心竞争力的时候一定要注意进行案例的配合。这样，购买者才能更加直观地看到店铺的竞争力，了解店铺实力。

8.5.3 案例：以李经理的饰品店为例详解如何突出店铺的核心竞争力

李经理经营一家手工饰品店，可以订做婚礼十字绣及家装饰品。现在她想要进驻淘宝店铺，但是却不知道该怎样向购买者介绍店铺的核心竞争力，那么如果你是李经理，你知道该如何进行操作吗？

根据上面的案例可知，李经理经营的是一家手工饰品店。可以定做婚礼十字绣和家装饰品。那么，我们接下来需要思考的问题就是：手工饰品、可以定制的手工饰品店与其他普通饰品店有什么区别？没错，答案很简单，那就是：市面上的饰品一般都是批量生产，没有独特性；而手工饰品可以私人定制。因此，李经理就可以主打：私人定制、唯一性、独特性等，来作为自己店铺的核心竞争力。

> **Tips** 在突出店铺核心竞争力的时候一定要注意实事求是，这样才能够使购买者更加信服店铺。当然，还应该注意强化老客户的优势，以及利用案例来配合核心优势的突出。这样，购买者才能够看到商品的价值和竞争力，进而选择在你的店铺进行购买。

8.6 购买细节问题不应忽视

购买者在购买了一件商品以后总会不可避免地缠上这样或者那样的问题，那么作为卖家就应该考虑到这一点，做出及时的反应与调整，这样购买者就会下意识地对你的店铺产生好感，进而记住你的店铺了。那么本节，就让我们来针对这一问题进行详细探讨。

8.6.1 购买者一般会遇到哪些问题

物流：现代人购物最关心的问题就是物流了，到底哪家送货能又便宜服务又好？到底包不包邮？我所在地区到底有哪些快递公司可供选择？物流包装怎么样？这一系列问题都是大众生活非常关心的方面。

售后：有很多购买者之所以不愿意在网络上购物，就是害怕东西买到手以后不是自己想要的。那么，在这里售后就显得尤为重要了。东西不合适可退换吗？东西在邮递过程中损坏到底是谁的责任？如果使用了一段时间后东西坏了又该怎么联系售后？这一系列问题都应该让购买者能够在第一时间找到答案才行。

报修：有很多购买者会购买电脑等电子产品，但是这些产品的功能好坏及其他问题并非在接到东西的第一时间就能够得出结论，需要购买者使用一段时间以后，才能发现问题。那么，报修就显得尤为重要了。如何设立报修热线，让什么样的客服人员来接听客服热线，这些都是店主应该慎重思考的问题。

使用：对于很多高新科技产品，不少购买者在购买时都是抱着试试看的态度来买的。但是，并不是所有人在购买以后自己看图纸、自己看说明书就会用的。因此，关于产品使用的问题，店主也一定要考虑清楚并且设立专人来进行解答。

8.6.2 店铺应该如何做

在本节的前面，我们讲述到了购买者在一般情况下都会遇到"物流、售后、报修、使用"等一系列问题。那么作为店主，我们又该如何来着手解决这些问题呢？下面，就让我们来共同探讨。

物流跟踪最重要：购买者最害怕的就是买完一样东西，物流十几天不更新也没接到货物。这样，就会给购买者一种非常不好的购物体验，进而影响企业的信誉。因此，作为店主一定要注意物流信息的更新，要让购买者随时随地都能查看物流动态。

售后成立专项部门专业技术人员接听：当购买者找到售后时，就意味着产品出现了问题，此时购买者的心情是非常着急的。因此，一定要找一些专业的技术人员来接听售后电话。最好能够在线诊断问题，如果需要报修则直接转至报修专线。如果不要需要报修，就需要及时予以临时处理。

报修需成立专项客服部门解决：当产品出现了严重问题，需要报修的时候，购买者一定是影响使用了，心情会更加急迫。因此，一定要找一些专业的客服人员来进行情绪安抚和解决。这样，才能给购买者一种完善的购物体验。

在线客服应熟练掌握产品使用及功能：当购买者在使用过程中遇到不懂的问题时，一般都会去寻找在线客服予以解答和帮助。因此，作为店主一定要确保你的在线客服熟练掌握产品的使用和各项功能。否则，就会给购买者一种客服不给力的感觉，进而影响购物的心情，形成差评。

> **Tips** 如果想要让购买者在你的店铺内进行持续回购，将差评消灭，那么就一定要注意购买者在购买时可能遇到的细节问题，并且予以及时地调整和解决。成立专项部门、设立专线、让专业的人才来坐镇，这样才能够给购买者提供一个完美的购物体验。

第 9 章　如何使文案更易被购买者接受

Chapter Nine

撰写文案不仅仅需要让购买者读得懂，还需要在海量的文案当中出类拔萃，达到动情的效果。这样，购买者才会乐于接受，并且形成购买。那么，我们又该如何做才能使文案更容易被购买者接受呢？本章就针对这一问题与你进行详细探讨，告诉你文案更易被购买者接受的秘诀是什么。

9.1　增加文案的趣味性

正所谓幽默的人谁都不会拒绝，同样,幽默的文案也更易于被购买者接受。那么在这里就一定有人会问"该如何增加文案的趣味性呢？"到底怎么做，才能既增加趣味性，又让购买者信服店铺呢？本节，就来针对这一问题为你进行详细阐述。

9.1.1 增加文案趣味性的方法有哪些

开玩笑：开玩笑就是指在文案当中适当地与购买者开玩笑。比如，你所售卖的是美妆产品，那么就可以在文案当中开玩笑地讲，精心化好妆出门一跑就变花猫。这样，购买者就能够非常清晰地明白你要说的内容是什么，你的产品优势在哪里了。

设口号：口号是最容易被购买者记住的东西。因此，我们在商品文案中也不妨设口号。这样，不仅能增加趣味性，更能够使购买者记住。比如，你所售卖的是洗手液，那么就可以设立"讲究人，勤洗手"等口号。

结合热点：热点一定是大众所关注的，因此，我们在撰写宝贝文案的时候不妨就结合热点。这样，购买者也会感觉到店主的用心，进而加深对店铺的印象。

图片衬托：这一点不用多说，好玩的图片也能够对文案起到衬托作用。看到图文并茂的页面，购买者自然而然就记住了店铺。

9.1.2 在增加文案趣味性的同时该注意些什么

切忌喧宾夺主：无论你是选择开玩笑还是设口号，一定要注意你所售卖的是商品。一切文案都要以商品来作为核心进行撰写，千万不要出现喧宾夺主的现象。

趣味性要适度：你撰写文案时的趣味性一定要适度，开玩笑也要适度。如果你售卖的是胖人服饰，那么开玩笑说"人长得胖穿啥都像香肠"就显得不太合适了。为文案增加幽默感时一定要注意不要形成人身攻击，更不要揭伤疤。

切忌长篇大论：要知道文案是为售卖商品所服务的，因此一定不要在商品文案当中长篇大论。那样购买者也没有阅读下去的耐心，当然对店主来说工作量也是相当巨大的。

9.1.3 案例：以王经理的代步车店铺为例详解如何增加文案的趣味性

王经理最近想要经营一家代步车店铺，主要售卖代步车。但是，他却不知道该怎样写文案才能显得有趣，进而让购买者记住自己的店铺。那么，如果你是王经理，你知道该如何进行撰稿吗？

到这里我们需要思考的问题就是：代步车与传统汽车、自行车都有哪些区别。没错，与汽车相比更加省力，不用自己开，而且更加轻巧方便，小胡同都能走。与自行车相比，不用自己卖力骑，更加省力。因此，王经理就可以在文案当中开玩笑地讲：开车上路十次九堵？骑车出行，累个半死？……同时插入一些有趣的漫画来烘托场景。这样，就能唤醒购买者想要购买代步车的愿望了。

> **Tips** 如果你想要增加文案的趣味性，那么不妨就采用"开玩笑、设口号、结合热点、图片衬托"四大方式。当然，与此同时，还应记住切忌喧宾夺主、开玩笑要适度、切忌长篇大论。这样，才能给购买者一个良好的体验。

9.2 增加文案的真实性

试问该如何撰写文案才能更容易被购买者信服？没错，那就是真实性。与其夸赞商品有多么多么好，效果有多么多么明显，都不如一张照片来得真实。因此，我们在撰写文案时也应该注重真实性，写得更加逼真。那么我们又该如何增加文案的真实性呢？本节，就来针对这一问题与你进行详细探讨。

9.2.1 文案的真实性该如何增加

以第一人称来撰写：以第一人称进行撰写的文案具有很强的代入感，哪怕你所撰写的文案是编的，购买者也会不自觉地被代入进去，进而形成感同身受的感觉。当然，以第一人称来撰写时最好还是要亲自体验一下产品，这样才能写得更加真实。

详细说明感受：众所周知，大多数文案突出的是效果。因为撰写文案的人其实也没有体验过产品。因此，为了突出文案的真实性不妨详细说明使用完产品以后的感受。这样，购买者就会有一种亲自体验过的感觉，进而形成购买。

举例子：在更多时候你说你的产品好很多人都不会相信，但是你说××（某人尽皆知的人）用完以后皮肤就好了，购买者就会更加乐于接受，自然而然地选择相信你。

摆图片放视频：与冷冰冰的文案相比，图片和视频更加直观，也更加易于被购买者所接受。因此，我们不妨就摆图片放视频，这样购买者就能够更加直观地看到产品的生产加工过程以及效果了，要比文案说明更容易被信服。

9.2.2 在增加文案真实性时该注意的问题有哪些

亲身体验：如果你以第一人称来撰写文案，那么就一定要亲身体验以后再下笔。这样，文案才会更加真实。如果仅凭想象就落笔，难免会出现这样或者那样的纰漏，进而降低对购买者的代入感。

实事求是：增加文案的真实性就一定要实事求是，你的产品能够达到怎样的效果，就写明产品能够达到怎样的效果。这样，购买者在购买以后才能够有货真价实的感觉。如果刻意地夸大购买效果，难免会让人有种被欺骗的感觉。

感受要详细具体：如果你在文案中讲述了产品在使用时的感受，那么就一定要具体到每一个细节。比如说你要为洗面奶来撰写文案，那么洗面奶瓶子触摸时的感觉、洗面奶的味道、洗面奶倒在手里的感觉、洗面奶涂到脸上的感觉以及洗完脸以后的感觉，都要详细加以说明。

9.2.3 案例：以李经理的羽绒服店为例详解如何增加文案的真实性

李经理经营一家羽绒服店，他发现很多卖家都会详细说明自己的羽绒是纯鸭绒、面料材质好。他感觉没有说服力，想要通过文案让购买者更加真实地感受到自己店铺内羽绒服的质量和穿在身上的感觉。但是，李经理却没有找到合适的方法来进行描述，那么如果你是李经理，知道该如何进行描述吗？

根据上面的案例资料可知，李经理想要做的事情是"通过文案让购买者更真实地了解到羽绒服的质地以及穿在身上的感觉"因此，李经理就可以这样形容他的羽绒服：

- 摸上去比其他羽绒服更加松软，衣服本身无任何异味；
- 穿在身上感受不到沉重，一件羽绒服就能扛过三九天；
- 让你无惧严寒，身轻如燕。

关于鸭绒的这部分，李经理则可以将制作加工过程录制成视频播放给购买者。这样，购买者在阅读时就能够非常直观真实地了解你的羽绒服了。

Tips 如果你想要增加文案的真实性，那么就一定要以第一人称来撰写。当然，还应该详细说明使用时每一个细节方面的感受。这样，购买者就会有一种很强的代入感，进而选择你的店铺来进行购买了。

9.3 增加文案的专业性

在更多时候文案除了要凸显趣味性和真实性，还应该着重增加文案的专业性。最好是让你的意向购买者通过文案能够对产品的功能、性能甚至做工都有所了解。从一个门外汉，变成资深专家。当购买者从你的文案中学到更多时就会形成追随。那么到底该如何增加文案的专业性呢？本节就针对这一问题与你进行详细探讨。

9.3.1 该如何增加文案的专业性

细分产品零件：当市场竞争呈现出饱和的态势时，我们需要做的事情就是"将产品当中的每一个零件都细分出来，进行详细的介绍。"比如售卖鼠标，就可以详细说明鼠标的按键、鼠标的外壳、鼠标的滑轮都产自哪里，什么材质、什么牌子的更好用、更耐用。这样，购买者就会在你的引导之下，有选择地进行购买了。

请专业技术人员助阵：当然，并不是每一个人都是专家，都能将零部件的产地和质地讲得那么详细，这个时候我们就需要请专业的技术人员进行文案的撰写了。

基础知识普及：针对某些特殊产品，诸如琴类、二次元类、玩具类，都需要有一定知识储备，深度了解以后才能去购买。普通人如果初次接触，难免会在理解上造成误区，因此这就需要卖家在文案上为他们进行简单的知识普及了。这样，同时可以使购买者享受到完美的购物体验。比如说，孩子吵着让爷爷奶奶为他们买巴斯光年。那么，作为卖家就应该首先在文案上告知购买者巴斯光年是什么。

9.3.2 在增加文案的专业性时该注意的问题有哪些

言之有物：一定要注意你所讲述的内容要言之有物，要让购买者从中确实学到一些常识以及挑选的窍门。这样，购买者才能够对品牌产生好感度，进而记住店铺。

理解要有深度：你所普及的知识点一定要是真正影响购买者的生活，而他们平时在挑选商品时又不太注意的问题。而且，一定要讲述购买者之前不太知道的问题。这样，才能够引起购买者的足够重视。

知识要正确：一定要确保你所普及的知识点正确，否则就会给购买者造成一种错误引导，进而影响购买。当购买者从其他店主那里学到正确的知识以后，一定会对你的店铺产生负面的印象。

9.3.3 案例：以王经理的单反相机店为例详解如何增加文案的专业性

王经理经营了一家单反相机店，他了解到很多人没有买单反相机是因为不知道该如何挑选？还有一些人是因为不会使用单反相机。现在他要通过文案让更多购买者了解单反相机，进而对摄影产生浓厚兴趣。但是，他却不知道该如何撰写文案，才能达到这一效果。那么，如果你是王经理，你知道该如何做吗？

根据上面提供的案例资料，王经理就应该在文案当中着重普及单反相机该如何挑选，怎样的单反相机是质量上乘的。同时，还应该普及单反相机的使用等。

> **Tips** 如果你想要为购买者树立一种专业权威严谨的形象，那么就不妨增加文案的专业性。增加文案的专业性一般有这样几种方法：1. 细分产品零件；2. 请专业技术人员助阵；3. 基础知识普及。当然，还应注意言之有物以及所普及的知识要正确。这样，购买者才能够在阅读以后真正获益，进而对店铺形成追随。

9.4 增加文案的煽动性

如果你仔细留意就会发现，有很多购买者在进行购买时都会选择文案煽动性强的商品来购买。如果你在购买过后问他们喜欢商品的哪里，很多人都答不上来。由此可见，文案的煽动性对商品的售卖也起着至关重要的作用。那么在本节，就来和你详细探讨该如何增加文案的煽动性。

9.4.1 该如何增加文案的煽动性

将时尚与商品结合：这种手段一般出现在比较年轻化的产品之上。主要就是以时尚潮流的名义，引导年轻人购买某件商品，做某些事情。比如说你的小店最近上架了一款果汁气泡水，那么在文案当中就可以写诸如"年轻人都喝果汁气泡水，或者还不知道果汁气泡水就 OUT 啦"等。

设置疑问句：在文案当中你可以反复地询问购买者，比如你售卖的是一款护手霜，那么就可以在文案中询问购买者："寒冷冬季你用护手霜了吗？"或者"你的手在冬季会干裂吗？"等。总之，要通过疑问句与你的购买者形成互动。

添加引导词汇：如果你想增加文案的煽动性，那么就不妨在文案当中增加一些引导词汇（诸如：错过不再！赶紧秒抢！机不可失！），这样购买者就会在引导词的渲染下，产生购买欲望了。

9.4.2 在增加文案的煽动性时该注意哪些问题

注意氛围营造：煽动性文案最主要的目的就是营造氛围，一定要给购买者一种代入感，要让他们从文案当中能够读到你所营造的紧迫感和稀缺感，这样购买者才能够被氛围所渲染进而形成购买。

注意产品质量：既然你选择使用煽动性语言进行撰稿，那么就一定要确保你的产品质量要过关。这样，购买者才会在购买以后有一种货真价实的感觉，进而对店铺拥有好感度，否则，就会使购买者感觉你的店铺诚意不足。

9.4.3 案例：以方经理的滑板小店为例详解如何增加文案的煽动性

方经理经营了一家滑板小店，现在他发现有些滑板形成了积压。因此，他想到了促销。但是，他却不知道该怎样做才能增加文案的煽动力，吸引更多的年轻人来购买滑板。那么如果你是方经理，知道该如何进行操作吗？

根据上面的案例可知，方经理需要做的事情是"对滑板进行促销，通过具有煽动性的文案吸引更多年轻人来购买。"

因此，方经理可以搞一些限时促销。在文案当中植入"错过不再！限时秒抢"等字样。

当然，与此同时，方经理也可以将滑板与最时尚的年轻人这个概念融合在一起，进行文案撰写。告知年轻人，现在最时尚的运动之一是滑板。可以突出"不滑板，枉青春"等字样。

> **Tips** 如果你想使自己的文案更具煽动性，那么就不妨使用下列方法：1. 将商品与时尚相结合；2. 设置疑问句；3. 添加引导词汇。同时，注意氛围的营造以及产品质量。这样，就能够给购买者一个良好的体验感，使他们在文案的煽动下形成购买了。

9.5 增加文案的指向性

众所周知，当有人对你说话时你就会主动与其形成互动，因此在撰写文案的时候也应该具备指向性，要告知购买者你的文案到底是给谁写的，重点在哪里。这样，购买者就会在阅读时接收到信号，进而与你形成互动，并且记住你的店铺了。

9.5.1 该如何增加文案的指向性

详细描述受众人群：一定要让目标受众人群察觉出来，这款产品就是为他们定制的。这样，受众人群才会与你产生共鸣，感受到企业的真诚，进而选择在你的店铺进行购买。

迎合受众人群习惯：如果你想要增加文案的指向性，那么就要注意迎合受众人群的习惯。这样，他们才会意识到你是留意和关注我们的，进而与你形成互动和共鸣。

9.5.2 在增加文案指向性时该注意的问题

设定好受众人群：如果你想要增加文案的指向性，那么就一定要注意设定好受众人群。你要首先搞清楚到底想要把你的商品卖给哪些人，这样在撰写文案的时候才能够起到指向的作用。否则，就会形成指向不清的局面。

深度挖掘受众人群特征：如果你想要增加文案的指向性，那么就一定要注意仔细观察，发现受众人群的特征都有哪些。这样在撰写文案的时候才能够真正地深入到受众人群的生活当中去，增加代入感。

9.5.3 案例：以赵经理的女裙店为例详解如何增加文案的指向性

赵经理经营了一家女裙店，现在她想要通过文案，吸引更多的年轻女士来店里购买。但是她却不知道该如何进行操作，那么如果你是赵经理，知道该如何进行文案排布才能吸引更多的人来店内选购吗？

根据上面的案例资料显示，赵经理想要吸引的人群是"年轻女士"。因此，赵经理就需要着重讲述服饰的时尚感，以及穿衣搭配的便捷度，营造女裙的飘逸感和典雅感。这样，年轻女士在阅读以后就会非常自然地来选购了。

> **Tips** 如果你想要增加文案的指向性，那么就需要首先确定受众人群并且掌握好受众人群的生活习性，这样你的受众人群在阅读文案以后才会非常清楚地意识到你所讲述的人是她们，进而产生共鸣，激发购买欲望。

9.6 增加文案的文艺性

如果你仔细留意就会发现，在生活当中有很多颇具文艺气息的地方倍受欢迎。很多人都喜欢去一些颇具格调的餐厅吃饭，去格调优雅的图书馆来阅读。那么作为卖家，不妨就在文案当中增加文案的文艺性，这样更能够使购买者记住店铺。

9.6.1 该如何增加文案的文艺性

氛围烘托：氛围烘托在文案当中非常重要，比如说你想营造原生态森系的文艺风格，那么就要用极简的风格来进行氛围的烘托。

植入生活方式：如果你想要增加文案的文艺性，那么就不妨将生活方式植入文案中。这样，也能够起到增加文艺感的效果。

营造画面感：当然在撰写文案时一定要营造画面感，这样购买者就会不自觉地在脑海当中进行想象。当他们在脑海当中浮现了一个画面时，文艺感就自然而然地被营造出来了。

9.6.2 在增加文案的文艺性时该注意哪些问题

风格要统一：如果你要增加文案的文艺性，那么就一定要保持店铺文案风格的统一性。不能说你这个商品营造的是森系风格的感觉，下一个商品就营造了朋克风格。这样，就会给购买者一种凌乱感，进而失去购买兴致。

文艺风格要与产品一致：比如说你的商品是森系裙装，那么就要营造森系的感觉，而不能走嘻哈的路线。一定要确保你所营造的文艺风格与商品保持一致，这样才能给购买者一种商品画像，进而在有需要时及时记起，进而形成购买。

9.6.3 案例：以康经理的吉他店为例详解如何增加文案的文艺性

康经理经营了一家吉他小店，现在他发现店铺内的吉他出现了滞销的问题。于是，他想要通过增加店铺文案文艺性的方式来促进店铺商品的销量。但是他却不知道该如何来进行操作。那么，如果你是康经理，知道该如何做吗？

根据上面的案例资料可知，康经理经营的是一家吉他小店。因此，我们接下来应该思考的问题就是吉他可以与哪种文艺风格相结合？没错，那就是摇滚和小清新。

因此，康经理就可以从摇滚和小清新的风格当中选择其中一种来进行文艺性的营造。

> **Tips** 如果你想要为自己的小店营造文艺感，那么就不妨采用氛围烘托、植入生活方式、营造画面感的方式。当然，在营造文案的文艺性时千万不要忘记店铺整体的文案风格要统一。同时，你所营造的文艺风格要与商品本身保持一致。

9.7 增加文案的时代性

如果你想要引起购买者的共鸣，那么就不妨将文案披上时代的色彩，这样购买者就能够感觉是在说他们自己，对店铺保持特殊关注，进而记住店铺。那么，你知道该如何增加文案的时代性吗？本节，就针对这一问题为你进行详细讲解。

9.7.1 该如何增加文案的时代性

增加时代素材：这一点比较简单，就是在文案当中增加一些具备时代感的素材。比如说：缝纫机、卡带机、老乐队的名字等。这样当购买者在阅读文案以后就会拥有一种被带入的感觉，进而唤醒关于旧时光的记忆。

增加时代行话：每一个时代都有属于自己的流行语，如果在文案当中植入了具备时代感的话，那么同样会起到唤醒记忆并使购买者记住店铺的作用。比如，你想要唤醒人们关于 20 世纪 70 年代末或者 80 年代的记忆，那么就可以在文案当中植入"宰人、倒爷、二道贩子"等词汇。

描述时代生活：每一个时代的人都有属于自己的生活方式，因此我们就需要在文案当中尽可能地描述这部分人的生活方式，这样购买者就能够在最大程度上唤醒他们对于过往生活的记忆。

9.7.2 在增加文案的时代性时该注意哪些问题

深度挖掘生活：如果你想要增加时代感，那么就要深度挖掘所撰写时代的人到底是怎样生活的，深度了解所撰写时代当中都有哪些生活习性。这样，你的文案才会拥有代入感。否则，就会造成认知偏差，进而使购买者认为你撰写的不具备认知性。

归纳时代的坐标性事物：一定要注意找到每个时代的标志性事物，比如说描述 20 世纪 80 年代的生活可以用茶缸、粮票、手绢、吊扇、樟木箱等；描述 20 世纪 90 年代的生活可以用小人雪糕、粘牙糖、水浒卡等。

9.7.3 案例：以袁经理的老物件小店为例详解如何为文案增加时代性

袁经理经营一家老物件小店，主要经营 20 世纪 70、80、90 年代老物件：包括收音机、玩具、老式书包、杯具等。但是，袁经理却在撰写文案时犯了难，他不知道该如何通过文案来表达年代感。那么，如果你是袁经理，知道该怎样做吗？

根据本节前面所讲述的内容，我们可以通过"描述老时代人的生活"这种方式来增加年代感。可以这样写：夏日午后，喝一杯八王寺，打开卡带机，这样的惬意你是否还能忆起……那年，你是否也曾渴望入手一台卡带机？现在，是时候弥补遗憾了。当《十七岁那年的雨季》歌声响起……

通过类似的语言，来唤醒老一辈人的记忆。

> Tips　在撰写文案的时候如果你想要营造文案的时代性，不妨通过增加时代素材、添加时代标志性语言、描述具备年代感的生活等方式来进行撰稿。当然，在动笔之前一定要仔细观察所撰写的时代生活，找到那个时代的标志性事物，这样才能增加文案的代入感，在写完以后能够唤醒购买者的记忆。

第 10 章　在为新店铺撰写文案时该怎样激发灵感

Chapter Ten

有很多新手卖家经过一番装修和运作以后，终于打造好了自己的淘宝店铺。但是，却又面临了一个很大的问题，那就是："不同平台文案撰写方式都不尽相同，我们该如何将淘宝店铺推广出去？"其实，想要在不同的网络平台上写好文案也是非常简单的事情。那么本章，就让我们针对这一问题进行详细探讨。

10.1　通过搜索引擎选取关键词并激发灵感

在我们上架完商品以后，一定会针对商品撰写出一些关键词和撰写宝贝文案。但是，却有很多卖家感觉非常吃力；不知道怎样才能总结出关键词，对于需要怎样写宝贝文案也没有什么灵感。那么本节就针对这一问题与你进行详细探讨。

10.1.1 该如何通过搜索引擎选取关键词并激发灵感

其实，通过搜索引擎选取关键词非常简单，就是需要你将所上架的商品输入到搜索引擎里，那么下拉菜单就可以作为宝贝关键词素材了。

在找到关键词以后，需要将找到的关键词继续在搜索引擎当中进行搜索；这样，搜索引擎提供的图片、网址、新闻、文章、问答，就都可以作为我们撰写文案的素材来进行使用了。

如果感觉上方文字比较抽象，那么接下来就让我们以商品"儿童书包"为例进行详细解析。

首先，我们需要在搜索引擎当中搜索"儿童书包"，如图 10-1 所示。

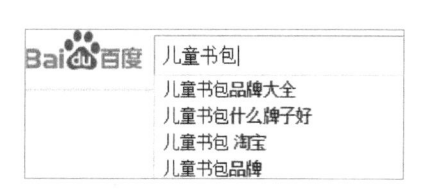

图 10-1　百度儿童书包后的结果

如图 10-1 所示，当我们找到了宝贝关键词素材以后，接下来需要做的事情就是将这些推荐的关键词继续在百度当中进行搜索，并查阅百度所呈现的图片、网址、新闻、文章、问答，这样我们就可以从中找到文案撰写的灵感了，如图 10-2 所示。

如图 10-2 所示，当我们搜索了百度所给出的相关关键词后，便可以得到一些图片、网址、新闻、文章、问答，就可以点击这些内容，查看购买者真正关注宝贝的是什么地方，进而有针对性地撰写宝贝文案。

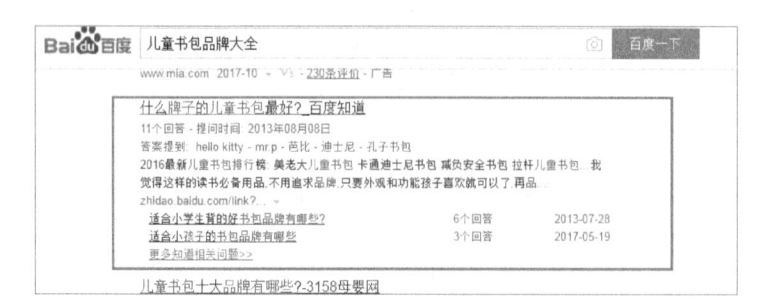

图 10-2　在搜索推荐的相关关键词后的结果展示

10.1.2　在选取关键词激发灵感时该注意哪些问题

注意查阅正向内容：有些时候我们在搜索关键词以后还会出现一些负面声音，会搜索到对于一些企业的差评和吐槽。这个时候就需要我们进行筛选了，一定要查阅正面的声音，给购买者进行正确的文案引导；而对于负面的声音，还是不去查看为好。

不要夹杂品牌词：你在进行搜索的时候一定要注意千万不要夹杂品牌词，那样只会造成你对于商品关键点和购买者态度认知上的偏差。毕竟，每一个品牌的优势和劣势都不同；只去搜索某一品牌的商品就草草作为文案撰写素材就太过草率，也不具备普遍性。因此，在寻找文案撰写素材的时候，一定要去搜索宝贝的大类。

10.1.3　案例：以李经理的电脑小店为例详解如何选取关键词并激发灵感

李经理经营一家电脑专卖店，现在他上架了一款笔记本平板二合一电脑，但却没有撰写文案的灵感。那么，如果你是李经理，知道该如何做吗？

根据上面的案例资料显示，李经理需要做的事情是"为新上架的笔记本平板二合一电脑查找文案撰写灵感。"根据本章前面提到的方法，我们需要做的事情是，在百度上搜索"笔记本平板二合一电脑"这个关键词，下拉菜单就可以作为关键词素材了，如图 10-3 所示。

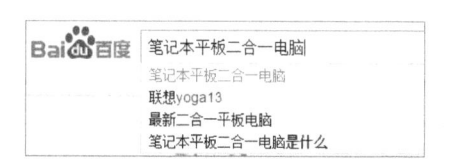

图 10-3　搜索笔记本平板二合一电脑后的结果展示

如图 10-3 所示找到了关键词素材以后，我们需要做的就是继续在百度当中搜索下拉菜单提供的关键词，为文案撰写寻找灵感，如图 10-4 所示。

如图 10-4 所示，当我们继续在搜索引擎搜索下拉菜单所提供的关键词后，就会出现一些百度知道或者其他的内容。这样，你就可以通过查阅来找到购买者所关心的点在哪里了；进而，有针对性地来撰写自己的宝贝文案了。

图 10-4　搜索下拉菜单提供关键词后的结果展示

Tips　当我们选择通过搜索选取关键词并激发灵感时，一定要注意查看正面的内容。当然，也要注意在搜索时一定要搜索宝贝大词，不要搜索特定的品牌词，否则只能造成你认知上的偏颇，进而影响文案的中立性，造成认知错位。

10.2　查阅同类店铺取经学习

众所周知，如果想要进军某一行业，就需要向行业内领先的人群来进行学习。作为新手卖家而言，如果你在店铺创立之初毫无灵感，那么就需要向同类的店铺进行学习。学习什么？你问该学习哪些方面？本节，就为你进行详细解析。

10.2.1 向同类店铺学习取名时该学习什么

查阅关键词：查看同类店铺关键词，能够让你快速准确地找到宝贝相关的关键词，你只需要在找到的关键词当中挑选几个适合自己宝贝的，再加上你想要添加的关键词，就可以轻松地撰写好宝贝的标题了。

查阅详情页思路：众所周知，如果你想要让购买者快速清楚地了解宝贝，那么就需要根据逻辑顺序精心地撰写宝贝详情页了。因此，你就可以通过查阅同类店铺的方法，总结出撰写详情页的思路了。

查看买家点评：如果你想快速了解购买者会看重商品的哪些方面，那么就不妨去查阅同类店铺的买家点评。当你拥有了一定的阅读量以后，就会非常清晰明了地知道购买者真正关心的都是哪些问题了。

查看客服设置：很多时候客服设置决定着购买者到底会不会购买，因此客服的自动回复设置也是重中之重。所以，在查看同类店铺时也应该着重查看这方面的内容。

10.2.2 在取经学习时该注意哪些方面的问题

注意宝贝的差异性：在向同类店铺进行取经学习的时候，一定要注意宝贝的差异性；要明白你的商品与同类店铺内同类商品的差异在哪里，技术手段是否有差距。这样，你所借鉴的内容才能更好地融入自己店铺的文案之中。

特殊品牌要学会筛选：如果你借鉴的是行业内比较知名的品牌，那么就一定要学会筛选。毕竟，知名品牌都有非常成熟的管理部门和工作流程，而你的店铺是没有的；所以对这些差异性的问题，就要有筛选地来进行借鉴了。

> **Tips** 在向同类店铺进行学习时不妨查阅关键词、查阅详情页思路、查看买家点评、查看客服设置，这样就可以轻松地来编辑你的宝贝文案了。当然，在借鉴时一定要注意宝贝的差异性以及对特殊品牌要学会筛选，这样就能够确保你所借鉴的内容真正符合店铺自身的特征了。

10.3 在新媒体平台上查找关于商品的内容

在寻找文案撰写灵感的时候，除了在搜索引擎搜索、查找同类店铺取经以外，在新媒体平台上查找关于商品的相关内容，也能借鉴一些撰写文案的方法和思路。如何借鉴？那么本节就对这个问题为你进行详细的讲解。

10.3.1 该如何在新媒体平台上查找关于商品的内容

搜索知名品牌：每个行业都有知名品牌的新媒体账号，你只需要在新媒体平台上搜索知名品牌，就可以查阅到他们是如何为自己的宝贝来撰写文案的。

搜索宝贝名词：当你的宝贝所属行业没有知名品牌时，就需要搜索宝贝的名词了。这样，同样可以找到一些同行的新媒体账号。你只需要浏览这些账号，就能够学习到该如何来撰写这类宝贝文案了。

10.3.2 在新媒体平台上查找关于商品的内容时该注意的问题有哪些

打破平台壁垒：在借鉴的时候一定要注意打破平台的壁垒，要学会查找灵感，而非一味地照搬照抄。比如说，很多品牌的新媒体账号着重描写的是商品的外观、功能，那么你在撰写宝贝文案时也可以着重讲述这些方面。

注意浏览量和点评：要知道新媒体账号内并不是每一篇文章都会被引爆

的，因此在借鉴的时候，一定要注意查看文章的浏览量和点评。这样，你就可以有选择性地借鉴了。从而，在最大程度上确保所借鉴的撰写思路及方法能够被引爆。

10.3.3 案例：以王经理的蛋糕店为例详解该如何在新媒体平台上进行借鉴

王经理经营了一家蛋糕店，但是却在撰写宝贝文案的时候没了灵感；他不知道该如何撰写文案才能使购买者更加追随店铺。因此，他想要通过浏览新媒体平台上的账号来寻找灵感；但是，他却不知道该如何来进行操作。那么如果你是王经理，知道该如何进行操作吗？

根据上面的案例资料，我们首先需要思考的问题就是"蛋糕店有哪些知名品牌"。如果暂时想不到，那么王经理就可以直接在搜索引擎当中搜索"蛋糕店"等关键词来进行灵感的查找。

> **Tips** 当你选择在新媒体平台进行借鉴的时候，就需要主动搜索同行的大号或者直接搜索宝贝名词了。这样，你就可以找到很多能够借鉴的大号了。当然，在借鉴的时候一定要注意打破平台壁垒、查阅文章的搜索量和点评；这样，才能确保你借鉴后所撰写的文案能够被引爆。

10.4 在 B2C 平台查看购买者对商品的评价

当然，除了搜索引擎、同类店铺以及新媒体平台，在 B2B 平台上购买者对于商品的评价也不可忽视。这样，才能够让你全方位地了解商品以及购买者关注的点在哪里，进而，有针对性地撰写文案了。也就是说，该如何通过 B2B 平台从购买者评价当中提炼文案撰写灵感？那么本节，就来针对这一问题为你进行详细阐述。

10.4.1 该如何通过 B2C 平台从购买者评价当中寻找文案撰写灵感

如果想要通过 B2C 平台从购买者评价当中提炼文案撰写灵感，那么我们首先要搞清楚的问题就是"B2C 平台都有哪些"。其实，B2C 平台就是商家直接面对消费者的平台；一些诸如团购、订餐、网店的平台都属于 B2C。你只需要在平台上找到与本店铺同类的店铺，然后查阅他们的买家留言即可。

比如你的店铺是售卖蛋糕的，那么你就需要在 B2C 平台上查找蛋糕店，然后，看购买者在这些蛋糕店上面的留言。如果有很多购买者说 A 蛋糕店的奶油不够纯，那么你在制作和售卖的时候就要强调用的是纯鲜奶的奶油。依次类推，这样你就能够轻松地找到购买者是在关注哪些问题了。

10.4.2 在寻找撰写灵感时该注意的问题有哪些

要海量查阅：在查阅买家留言时一定要注意查阅的基数要大，千万不能只查阅某几家店铺下面的留言就草草结束。那样，就很难使借鉴来的信息不具备广泛性。因此，在查阅时一定要记住广泛查阅，查阅得越多，越能总结出大众都在关心的问题。

要根据大多数人的反馈进行调整：如果关于问题 A 只有一个人来反应，那么就不用去管。一定要关注那些大多数人都会吐槽的地方，然后适当调整自己的商品和文案。这样，才能够给购买者一种良好的购买体验。

> **Tips** 当我们选择通过 B2C 平台来查看购买者对商品的评价时，一定要注意查阅基数要大，这样才能确保你所获取的关注点，的确是购买者普遍都在关注的问题。同时，在对自己的商品及文案进行调整时，也应该注意根据大多数人的反馈来进行调整，切忌偏听偏信。

10.5 通过新闻网站查阅行业动态

在寻找文案灵感的时候,除了要查阅新媒体账号和 B2C 平台上购买者的评价以外,我们还需要通过新闻网站追随行业的动态,了解行业内最近在主打哪些方向,然后针对本店铺的文案进行适当地调整。

10.5.1 该如何通过新闻网站查阅行业动态

其实通过新闻网站追随行业动态的方法非常简单,只需要我们在新闻网站上找到关于自己商品的相关新闻,然后去浏览新闻就可以了。下面就让我们以"书包"为例进行详细解析。

我们首先需要在新闻搜索页当中输入"书包"二字,然后就会自动弹出如图 10-5 所示的新闻。

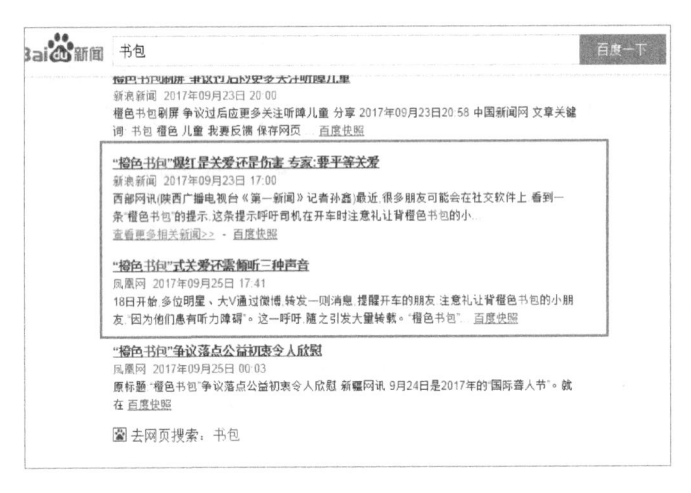

图 10-5 书包新闻搜索结果展示

从图 10-5 中可以看出,当我们搜索书包这个词汇以后,最近的新闻都在对"橙色书包"产生热议。因此,我们就可以继续阅读新闻,搞清楚橙色书包到底是在关注孩子的哪些方面,进而在文案当中针对这方面内容进行宣传。

如果你仔细留意就会发现，"橙色书包"是对听障儿童关怀的产物。有人说背上这个书包的孩子有点被人歧视的感觉，但也有人说这个举措非常好，有助于提醒司机注意孩子，使孩子的安全得到了保障。因此，我们在撰写书包文案时就应该着重描写"具备夜光装置、具备反光条，能有效提醒司机注意儿童过马路"等特点。

10.5.2　在查阅行业动态时该注意哪些问题

注意查阅最近热议问题：在查阅行业新闻动态时一定要注意查看最近的热议问题，你所撰写文案的角度一定是近期所有新闻网站都在讨论的焦点。这样购买者才能够对你的文案产生足够的重视，进而仔细地进行阅读。否则，你的文案就不会达到预期效果。

注意舆论导向：你在查阅行业动态时一定要注意舆论导向，不管是参考正面新闻还是负面新闻，在撰写文案时都要本着为购买者解决实际问题的角度来进行撰写。切忌在文案当中拥有特指性，要规避在文案当中提到指定的人物或者品牌。

参考的方向一定要是商品具备的优势：比如说最近高科技企业都在讨论代替人工的事，但是你的商品的确就无法代替人工做事情，那么就不要跟风来宣传代替人工这方面了。要记住，你在阅读完新闻以后，一定要选择自己商品真正所具备的优势来撰写文案。

10.5.3　案例：以安经理的美妆店为例详解如何通过新闻网站追随行业动态

安经理经营了一家美妆店，但是由于第一次接触这个行业，所以在撰写文案方面一直都摸不着头脑，他不知道该从哪些方面来撰写文案，宣传自己店内的美妆。那么，如果你是安经理，知道该如何进行操作吗？

根据上面的案例资料可知，安经理遇到的问题是"不知道从哪些方面来撰写文案"。那么根据本节前面所讲述的查找方法，安经理需要做的事情就是"在新闻当中搜索美妆相关新闻"，如图 10-6 所示。

图 10-6　化妆品新闻搜索结果展示

根据图 10-6 的新闻搜索结果可知，关于化妆品最关心的还是如何辨别真伪，如何防止假冒的问题。因此，安经理就可以在文案当中着重讲述"自己所售化妆品的防伪、保真"等问题。

Tips　通过查阅新闻来寻找文案撰写方向时一定要注意多留意几篇新闻，找到大众生活当中真正所关心的新闻热点都在哪里，这样就能够快速准确地找准文案的撰写方向了。当然，与此同时一定要注意舆论导向的问题，切忌在文案当中出现特定的人名或品牌名，否则会给店铺带来不必要的麻烦。

10.6　广泛搜集同类产品的各类广告

无论做什么重要的都是积累，如果你想要写好自己店铺的文案，那么就需要广泛地搜集同类产品的各类广告。本节就针对这一问题为你进行详细阐述。

10.6.1 该如何搜集同类产品的广告

如果想要了解该如何搜集同类产品的广告，那么我们首先要搞清楚"为什么要搜集同类产品的广告？"其实，答案非常简单。搜集同类产品广告的目的有三：1. 掌握文案语感；2. 了解竞争对手的优势；3. 了解目前行业宣传的重点。

因此搜集同类产品的广告就可以零门槛，不管是怎样的文案都可以搜集起来。比如说，你今天出门看到了一则好广告，就可以马上用手机拍下来。你今天刷微博时看到一则同类产品的广告，也可以随手记录，就这么简单。

总之，无论在任何时间任何地点，只要你看到了同类产品的广告就应该立刻作出反应，做到随手记录。

10.6.2 在搜集同类产品的广告时该注意哪些问题

将同类产品的广告搜集好以后，接下来我们需要做的事情就是"借鉴了"。在借鉴时应注意下列几点。

模仿高质量文案：在你所搜集到的文案当中找到一些质量相对较高的文案来进行模仿，这样久而久之你的文案撰写水平就会提升到一定的高度。到这里一定有人会问，高质量文案是什么样子的？其实答案很简单，高质量文案就是看起来非常优美、而读起来又非常通俗易懂，能够简明扼要地描述商品的功能及优势。

找到文案主要讲述的方向：当你所积累的文案拥有一定的基数以后，我们接下来需要做的事情就是从这些文案当中找到所有文案都在讲述的方向。比如，你搜集了 10 条文案，其中有 9 条都在讲述商品的安全性，那么你在撰写文案时就应该着重讲述商品的安全性。

长文案只读不借鉴：要知道淘宝文案不适合特别长篇大论。因此，针对一些诸如报道的相关文案，我们就做到只阅读而不去实际借鉴。你通过阅读，同样能够培养出撰写文案的语感。

10.6.3 案例：以王经理的饮料店为例详解该如何搜集同类产品的广告

王经理经营了一家饮料淘宝小店，主要经营各类软饮料、茶饮料、奶制品饮料等。但是，他却在撰写文案上犯了难，他不知道该从何种角度来撰写文案。那么，如果你是王经理，知道该如何寻找素材刺激灵感吗？

从上面的案例资料可知，王经理经营的是一家饮料淘宝小店，主营各类软饮料、茶饮料、奶制品饮料等。因此，根据本节前面所讲述的方法。我们可以从以下几个地方来搜集同类产品的广告：

1. 在淘宝平台直接搜索软饮料、茶饮料、奶制品饮料商品，并查阅它们所发布的文案内容；
2. 找到软饮料、茶饮料、奶制品饮料等的知名品牌，并在网络上进行搜索，广泛查阅它们的广告信息；
3. 平时在喝饮料时注意查看它们的文案信息。

> **Tips** 如果你想要写好自己店铺的文案，那么就需要做到对文案时刻保持关注度。无论你是出门还是上网，只要发现同类产品的文案，就要做到随手记录并随时保存下来。这样，久而久之当文案积累到一定数量以后就会形成语感，进而在撰写文案时灵感爆棚啦。

10.7 广泛观察客户积累痛点

如果你想要让自己店铺的文案能够打动更多人，那么还需要时刻观察意向客户，并注意与新老客户的沟通问题。当你了解了所有客户的痛点，并在文案当中针对这些问题做出了详细的阐述以后，购买者自然就会选择在你的店铺进行购买了。

10.7.1 该如何与新老客户进行沟通、搜集痛点

汇总新客户所咨询的问题：在一般情况下如果购买者决定想要来进行购买，那么就会先找到客服来咨询一些问题。那么作为店主就应该将这些新客户所咨询的问题进行汇总，这样你就能够轻松地掌握这些人到底都在关注哪些方面了。

查阅老客户的评论留言：老客户在购买以及使用完产品以后一般都会进行留言，那么作为店主就需要及时地查阅老客户对于商品的评论和留言，这样就能清楚地知道自己产品的问题，进而进行有针对性的调整了。

主动进行回访：有些时候已经购买完商品的老客户也不会留言，那么作为店主此时我们需要做的事情就是主动地进行回访，与购买者进行交流。这样，同样能够从老客户的反应中得知他们所关心的问题是什么？自己产品的问题出现在哪里？进而有针对性地进行调整。

10.7.2 在与新老客户进行沟通、搜集痛点时该注意的问题

注意客服的专业性：在一般情况下客户在决定购买之前都会咨询在线客服，那么作为店主就一定要保证在线客服的专业性，这样才能够给购买者一个良好的购物体验，同时也能掌握购买者真正关心的问题在哪里。

注意引导留言：有很多购买者会因为种种原因在购买以后不会进行点评和留言，这样就很难帮助店主增加对自身产品的认知，也无法使店主掌握购买者所关注的问题在哪里。因此，作为店主可以发布点评返现、点评送礼等活动，来刺激所有购买者在购买以后都进行留言。这样，店主只要去浏览留言就可知道大家所关注的问题在哪里了。

选择合适的时机进行回访：如果你选择回访老客户的话，就一定要注意选择合适的时间段来拨打回访电话，这样购买者才会有与你沟通的耐心。如果打电话的时间段不对，那么购买者就会有一种被骚扰的感觉，进而对店铺失去好感。

10.7.3 案例：以王经理的奶制品店为例详解该如何广泛观察客户、积累痛点

王经理经营了一家奶制品店，主营酸奶疙瘩、酸奶酪、酸奶葡萄、奶豆等商品。近期，王经理发现店铺内的商品滞销，因此他通过举办活动的方式来为商品进行促销。他发现，近期有不少人都在询问，酸奶制品的酸度、保质期以及口感等问题。现在，王经理想要重新撰写店铺文案，那么你知道应该主要描写哪些方面吗？你知道购买者关心的问题有哪些吗？

根据上面的案例资料可知，王经理经营的是一家奶制品店，促销时有很多人都在咨询"酸奶制品的酸度、保质期、口感"；因此，我们可以推测出购买者比较关心（客户的痛点是）：1. 酸奶口感是否迎合大众口味；2. 酸奶制品的保质期和出厂日期。

因此，以后我们在撰写文案时应当侧重讲解：1. 口感；2. 出厂日期、保质期；3. 如何保存等问题。

> **Tips** 作为店主如果你想要使文案更加打动人心，那么就一定要学会搜集购买者所关注的痛点在哪里。在这里一般有三种搜集的方法：1. 汇总新客户咨询的问题；2. 查阅老客户的留言；3. 主动进行回访。当然，在搜集和回访的时候一定要注意客服的专业性、注意引导购买者进行留言、注意选择合适的时间段来进行回访，切忌给购买者留下被打扰的印象。

第11章　如何在网络上撰写店铺推介文案

Chapter Eleven

当店铺建立好以后，我们接下来需要做的事情就是"将店铺在网络上推广出去"。那么，面对着数目繁多的网络推广平台，我们又该如何来为自己的店铺撰写推介文案呢？那么本章，就让我们来一起针对这一问题进行详细探讨。

11.1　如何在论坛上推介店铺

虽然论坛正在逐步被大众所淡忘，但依旧会有一些人会在论坛上讨论一些行业问题；所以，很多专业性较强、互动性较好的论坛，反倒呈现出热度只增不减的态势。那么，作为卖家而言，我们又该怎样在论坛上推介自己的店铺呢？本节，就针对这一问题为你进行详细阐述。

11.1.1 在论坛上推介店铺的优势

锁住意向客户：众所周知，现在很多论坛都成为了专业人士探讨专业问题的地方，因此在论坛上对店铺进行推广就相当于将信息展示给了意向客户。这样，转化率要比在其他地方推广高很多。

直接引导到店：到目前为止，依旧有很多论坛是不屏蔽链接和二维码的，因此这就使得店铺推广变得容易很多。只要你将网址或店铺二维码插入文章内，阅读者就能够直接找到你的店铺，方便快捷。

容易被搜索引擎收录：论坛上面的文章如果热度足够大、点击量足够多，那么就会形成引爆效应，进而有机会被搜索引擎收录。因此，在论坛上对店铺进行推广，也相当于为自己的店铺做了一次搜索引擎营销。当普通用户有购买需求并进行搜索时，你的论坛推广文章就有可能会出现在他们的眼前。

11.1.2 该如何在论坛上推介店铺

在论坛上推介店铺一般有两种方法：1. 话题引导法；2. 活动推介法。

话题引导法：这种方法一般比较常用，就是需要卖家在平时多多关注购买者的生活状态，从而找出痛点，针对这一痛点在论坛上发布文章并进行讨论，进而留下店铺的网址或二维码。比如你经营的是一家花卉小店，那么就可以以"我是鲜花，放不对，对身体伤害大！"为题在论坛上发布文章。

活动推介法：这种方法需要店家具备一定的资金支持。在一般情况下，在节假日比较适用。简而言之，就是需要店主在论坛上以"××疯狂送"等礼物放送为话题发布推介店铺的文章，这样购买者就能够在礼品的刺激下到店内进行选购了。

11.1.3 在论坛上推介店铺时该注意的问题

要到与商品对应的垂直论坛：一定要找一些与商品对应的垂直论坛来进行

推介文章的发布，这样才能确保你所发布的内容起到足够的营销作用。比如你售卖的是智能穿戴物品，那么就可以在极客论坛上进行推介。

切忌发布硬广告：在论坛上发布店铺推介文章时一定要避免发布硬广告，不能生硬地写"××店铺推荐……"等字样的文章。那样，只能让阅读者对你的文章产生反感，进而被论坛管理员在第一时间进行删除。

文章篇幅不宜过长：要知道论坛和贴吧都是大众平时抽空交流、浏览的地方。而且，现在是一个读图的时代；因此，千万不要写篇幅过长的文章。那样，只能使你的购买者失去继续阅读下去的耐心，进而过早跳出。

要言之有物：要知道论坛是现代人进行交流的地方。因此，一定要注意言之有物，你所发布的文章要切实帮助阅读者解决一些实际的问题。这样，阅读者才能变成购买者，进而有兴趣去点击你的网址或扫描店铺二维码。

11.1.4　以钱经理的防裂袜店为例详解该如何在论坛上推广店铺

钱经理经营了一家防裂袜店，现在他发现店铺销售情况陷入低迷的状态，于是想要通过在论坛上发帖的方法来为自己的店铺进行宣传。但是，他不知道该如何发布宣传文案。那么，如果你是钱经理，知道该如何操作吗？

众所周知人上了岁数以后，都会出现脚跟开裂的情况。因此，我们就可以以"脚跟常开裂？或是袜子惹的祸。""中老年人应注重对足跟的保养"等话题为主题，将推广文案发布在中老年人论坛或养生论坛上面。

> **Tips** 在论坛上发布推介文章一般有两种方法：1. 话题引导法；2. 活动推介法。但要注意，在论坛上发布文章不要插入硬广告，那样只能使论坛管理员在最快时间内将你的内容进行删除。因此，你发布的文章一定要言之有物，话题一定要足够吸引人才行。当然，还一定要注意篇幅不宜过长。

11.2 如何在新媒体上推介店铺

随着新媒体的火热，很多卖家也将视线转移到了新媒体上面，渴望在新媒体上对自己的店铺进行推介。那么在具体的工作当中，我们又该怎样来推荐自己的店铺呢？本节，就针对这一问题与你进行详细探讨。

11.2.1 在新媒体上推介店铺的优势

迎合现代人生活习惯：众所周知，现代人最主要的社交工具就是新媒体。无论是微博还是微信，每天都要刷上好几遍才能入睡。那么作为店主就应该意识到这一点，进而在新媒体上对自己的店铺进行宣传。

便于信息传播：要知道现代人每天使用频率最多的就是新媒体，如果你想要使自己店铺的推介文章达到引爆的效果，那么就不妨在新媒体上进行宣传。这样，阅读者如果感觉不错，就会在新媒体平台上下意识地去转发和传阅，进而形成引爆。

便于互动：现在很多新媒体平台都是零门槛互动，只要阅读者感兴趣就可以直接在文章下面留言互动。这样，就大大增强了互动性，能够使你更加全面和清晰地了解大众诉求。

11.2.2 该如何在新媒体上推介店铺

在新媒体上推介店铺一般有两种方法：1. 建立账号；2. 大 V 发布。

成立账号：这种宣传方法虽然效果比较稳定，但也需要耗费大量的人力物力，需要工作人员建立账号并且每天发布文章，更要不定期地举办活动，进行长时间的运作才可以达到预期的效果。因此这种推广方式，比较适合具备一定经济实力的大企业使用。

大V发布：这是很多新店铺惯用的一种推广方法，简而言之，就是店铺自己撰写文案，然后找到已经成名的大V来发布推广文案。这样，由于大V本身已经有一定的受众基础，自然也就不愁阅读量和转化率了。

11.2.3 在新媒体上推介店铺时该注意的问题

持之以恒：如果你选择自己成立新媒体账号的方式来进行推广，那么就一定要沉得住气，要真正坚持下去，并且与账户粉丝保持持续的互动，这样才能使阅读者变成你的购买者，形成购买。

查看互动性：随着新媒体产业的不断发展，难免会有很多新媒体账号的阅读量是不太真实的；这就需要店主具备火眼金睛，主要查阅大V的转发率和互动性，这样才能确保你所投放的账号具备较强的活跃度，能够为你带来真实的转发和阅读。

> **Tips** 在新媒体上宣传自己的店铺，需要卖家具备较强的财力和人力支持。注册新媒体账号只是第一步，更加需要店家安排人力去发布文章、发布活动，长时间地积累粉丝。当然，如果你选择通过大V发布文章的方法，就要容易很多；你只需要找到适合的大V，然后将店铺的推广文案发布上去就可以了。

11.3 如何在网站上推介店铺

随着互联网时代的到来，有很多店铺都会成立自己的官方网站来推荐自己的商品。那么，我们该如何将店铺与官方网站相融合呢？本节，就针对这一问题为你进行详细阐述，告诉你该如何在网站上推介店铺。

11.3.1 在网站上推介店铺的优势

直接形成转化：要知道如果阅读者来到了你的官方网站，那么就意味着他们有了购买的意愿，并且对你所售卖的商品有了了解。这个时候，你如果将店铺的二维码放在了官网上面，那么就等于让阅读者来到了你的店铺，进而他们只需要浏览并进行下单就可以了。

提醒购买：要知道有很多人光顾了官网以后是具备购买意愿的，但是一般官网都不具备直接下单的功能。因此，这个时候你将店铺二维码进行了展示，就相当于提醒了阅读者可以在这里进行购买。那么，在大多数情况下，阅读者是会进行下单的。

11.3.2 该如何在网站上推介店铺

在网站上推介店铺的方式很简单，因为阅读者在访问官网时就已经对商品有了深刻的认知，因此你仅需要将店铺的二维码展示在店铺主页的醒目位置，再在旁边配上引导扫描的广告语就可以了。这样，当购买者在浏览官网时就会自然而然地找到店铺二维码，并且进行扫描和下单。

11.3.3 在网站上推介店铺时该注意的问题

店铺二维码要放在官网醒目位置：因为店铺二维码的作用是将意向客户转化为实际付款的客户，因此你的店铺二维码要放在官网的醒目位置上，这样阅读者就可以在二维码的引导下进行扫描和购买了。如果店铺二维码所放置的位置不够醒目，那么就会造成阅读者没有注意到的情况，进而使你白白流失了一次成交机会。

官网要根据所售商品进行详细讲解：在网站上推介店铺时一定要注意，在你的官方网站上要有关于你所售商品的详细讲解。换句话说，你所售卖的商品在官网和店铺应该保持一致。这样，购买者才会在官网的引导下在店铺内形成成交。

Tips 如果你想要在官方网站上推介店铺，那么就需要在网站与店铺内保持所售商品信息的一致性。这样，访客才能在官网的引导下到店铺内进行购买。当然，与此同时，还应注意店铺二维码应该放在官网的醒目位置，这样才能确保意向客户真正地形成购买；否则，就会出现意向客户看不到店铺的情况，进而造成客户群的流失。

11.4 如何在博客上推介店铺

虽然博客正逐步退出历史舞台，但是它的用户基数依旧庞大。因此在很多时候，我们也需要在博客上为自己的店铺进行宣传和推广。那么作为店主，又该如何在博客上推介自己的店铺呢？本节，就针对这一问题与你进行详细探讨。

11.4.1 在博客上推介店铺的优势

增加曝光度：在博客上推介自己的店铺，一般都是与其他推广方式配合进行的，目的就是完善推广渠道，能够起到增加曝光度的作用。访客在无意的浏览当中就能够留意到店铺相关信息。这样，就相当于对店铺做了一次曝光。

更易被搜索引擎收录：如果你仔细留意就会发现，一些点击率比较高、原创质量比较好的博客文章，更容易被搜索引擎收录。因此店铺在博客上发布文章、进行推广，就相当于为自己做了一次搜索引擎营销。当店铺的推介博文被搜索引擎收录后，购买者在网络上搜索相关产品时就会出现你店铺的推介文章，进而在无形当中对你的店铺起到了宣传推广的作用，增加了曝光度。

11.4.2 该如何在博客上推介店铺

与在新媒体上推介店铺的方式相同，在博客上推介店铺也有两种方式：1. 自己建立账户；2. 找认证博客推介。

自己建立账户：需要店主自己在博客平台注册一个账户，然后通过每天发布文章的形式来积累阅读者，进而达到宣传和推广的作用。

找认证博客推介：这就相当于找到了一些大 V 来进行推介，一般情况下这些认证博客都拥有属于自己的固定粉丝群，那么这时我们只需要将写好的文章发布在这些认证博客上就可以了。

11.4.3 在博客上推介店铺时该注意哪些问题

以话题为引导：在博客上推介店铺一定要以话题来进行引导。比如你售卖的是女装，就可以写一些诸如"女孩该如何穿衣？怎样穿衣最优雅？"等相关的文章。这样，当浏览者阅读完以后就会学到一些穿衣的知识，久而久之就会对你的博客产生了依赖性，这个时候你再向浏览者推介自己的店铺，就会形成购买了。千万不要一上来就说"××店铺服装好"等硬性的广告，那样只能让阅读者对你的店铺产生反感。

不要长篇大论：在博客上进行店铺的推介时不要长篇大论，那样只能使阅读者失去阅读的兴趣，一定要言简意赅，将想要传递的信息表达出来。这样购买者才会在短时间内对店铺进行了解，进而形成购买。

植入一些幽默元素：一定要植入一些幽默的元素，让阅读者阅读起来比较轻松。这样你的店铺推介文案才会更加容易地被阅读者接受，进而形成购买。

> **Tips** 与在新媒体上推介店铺的方式雷同，在博客上推介店铺的方法也分为两种：1.自己建立账户；2.找认证博客进行推介。当然，在推介的时候一定要注意以话题为引导，切忌长篇大论，而且需要植入一些幽默元素。这样，才能确保你的推介文章更容易地被阅读者所接受。

11.5 如何在 B2B 平台上推广自己的店铺

除了论坛以外，B2B 平台也是店铺宣传自己的绝佳平台。要知道，登录和浏览这些平台的人群是具备购买意向的。因此，你只需要在文案当中让这部分人对你的企业产生信任感，就能够很轻松地形成购买了。那么作为店主，我们又该如何在 B2B 平台上推广自己的店铺呢？本节，就这一问题与你进行详细探讨。

11.5.1 在 B2B 平台上推荐店铺的优势

更易促成购买：要知道光顾 B2B 平台的人群都是已经具备一定购买意向的，在这里推荐店铺更容易促成购买。你只需要让阅读者对你所售卖的商品具有一定了解，并且让他们觉得你的店铺是正规可信的，那么他们就会在你这里进行下单购买。

增加曝光度：B2B 平台上的用户基数很大，而且很多 B2B 平台都拥有较高的权重。这样，就更容易被搜索引擎收录。意向客户可能只是在搜索引擎里搜索相关产品，那么你店铺的推荐页就会被显示出来，进而促成购买，这就是在无形当中为店铺增加了一些曝光度。

更易被搜索引擎收录：因为很多 B2B 平台拥有一定的权重，这样就更加容易被搜索引擎进行收录。当大众在搜索引擎当中查阅相关信息时，你的店铺信息就会被展现出来。

11.5.2 该如何在 B2B 平台上推荐店铺

由于很多 B2B 平台的展示方式都是以店铺的形式。因此，你就需要像注册店铺一样，在每个 B2B 平台都为自己的店铺注册一个账号，上传 logo 和商品以及相关文案信息，并且坚持对相关商品的信息加以更新就可以了。

这样，久而久之当信息积累到一定数量以后，搜索引擎就会收录，用户只要在搜索引擎输入相关商品名称，就能够找到你的店铺了。

11.5.3 在 B2B 平台上推介店铺时该注意的问题有哪些

注册店铺时应找准分类：要知道 B2B 平台对于商品和店铺种类是有划分的，你一定要找准适合自己店铺的 B2B 平台，并且在 B2B 平台找到适合自己店铺的分类，在该分类下进行注册。比如你是售卖箱包的，那么就需要在 B2B 平台的箱包分类下进行注册和发布信息，而不能注册和发布信息到轴承的分类下。

留下店铺二维码和网址：在 B2B 平台上推介店铺时一定要注意留下店铺的二维码和网址，这样阅读者就能够在引导下直接点击，进入你的店铺形成购买了。千万不能含蓄，不留店铺二维码和链接，那样只能造成意向客户的流失。

直接说出商品及优势即可：B2B 分类平台的目的就是促成商品买卖，因此在进行店铺推介时一定要注意直接了当地说出所售卖的商品有哪些，以及自己商品的优势都是什么。这样，购买者就会根据引导来选择、购买了。

大众消费类不适合 B2B 推广：要知道 B2B 分类平台是企业与企业之间进行买卖和交流的地方。如果你的客户群是个人，那么就不适合做 B2B 推广，而选择新媒体和博客等推介载体更为合适一些。如果你是售卖办公用品的，可以将办公用品卖给公司和机构，那么在 B2B 平台上进行推广就显得更为合适了。

> **Tips** 在 B2B 平台为自己的店铺进行推介时，应当注意找准对应的分类；与此同时在推介时千万不要含蓄，一定要将所售卖的商品以及相关信息直截了当地说出来。当然，还应注意留下店铺的链接和二维码。这样，就能够使意向客户轻松地找到你的店铺，进而形成购买了。

11.6 如何通过搜索引擎推介自己的店铺

众所周知，现如今搜索引擎是现代人的上网入口之一。因此，如果你在搜索引擎上对店铺进行推广，就相当于为自己的店铺争取到最大限度的曝光。那么，我们该如何通过搜索引擎来推介自己的店铺呢？本节，就针对这一问题与你进行详细探讨。

11.6.1 该如何通过搜索引擎推介自己的店铺

在搜索引擎推介自己的店铺最常用的方法有两种：1. 购买流量；2. 找平台进行推广。

购买流量：这种方法比较简单，需要店主与百度等主流搜索引擎的广告部进行联系，然后根据店铺自身需求来购买关键词广告位。这样，就能确保你店铺的展现率了。当然，这种方式需要店铺具备一定的财力。

找平台进行推广：除了购买关键词广告位，店主还可以通过运营博客、在B2B平台进行推广、在论坛上发布内容等方式，进行长期的推介和维护。这样，当你长久地保持原创信息的更新后，搜索引擎就会主动将你所发布的内容进行收录了。

11.6.2 在通过搜索引擎推介店铺时该注意的问题有哪些

需购买长尾关键词：如果你选择通过购买关键词广告位的方式来推广店铺，那么就一定要选择一些热度适中，但又不太火爆的词汇，最好选择一些稍微长尾的词汇。这样，才能确保你的广告位效果。如果一味追求高热度词汇，那么就会造成竞争者众多的情况，进而花费高昂的推介费用。

免费推介应保持持续性：如果你选择通过运营博客、在B2B平台进行推介、在论坛上发布内容等方式来进行推介，那么就一定要注意保持内容发布的持续性和原创性。这样，久而久之才能够达到被搜索引擎收录的目的。

> **Tips** 通过搜索引擎来为店铺进行推介的方式有两种，第一种是直接购买广告位，这种方式比较简单便捷，但却需要企业具备一定的经济实力；第二种是找免费的推介平台来发布内容，这种方式需要具备持续性而且还要保持内容的原创性，这样才能被搜索引擎收录。

11.7 如何通过问答类平台推介自己的店铺

如果你足够仔细留意，就会发现有很多问答类平台上的回复，都在宣传自身的企业。那么企业这么做的好处有哪些呢？作为卖家又该如何通过问答类平台来推介自己的店铺呢？本节就对这一系列问题与你进行详细交流。

11.7.1 通过问答类平台推介自己店铺的优势

更易被搜索引擎收录：问答类平台一般都有较高的权重，如果内容确实具备一定深度，那么就可能会被搜索引擎收录，进而在大众日常搜索当中进行呈现。

更易促成转化：由于购买者都是要解决问题的，所以才会来查阅问答类平台。换句话说，去阅读问答平台上内容的人群，都是具备一定购买意向的。这个时候，你只需要通过专业的回复让购买者对你的店铺产生信任感，就能够形成购买了。这要比在其他平台上进行推介的效果好很多。

11.7.2 该如何通过问答类平台来推介自己的店铺

看到这里就一定有人会问："到底该如何通过问答类平台进行推介？"其实，操作并不难。需要店主首先注册两个问答账号，一个用于提问，另一个用于回答。

用于提问的账号：需要围绕着大众对于产品的关注点来进行提问。

用于回答的账号：需要店主根据自身的专业素养来进行回复。回复的内容要具备一定专业性，同时让阅读者通过阅读以后能够解决自身问题就可以了。

11.7.3 在推介自己店铺的时候该注意哪些问题

不要急于展示店铺信息：进行问答类推介的时候，千万不要急于展示店铺的信息。首先要针对问题进行详细且专业的回答。这样，购买者就能够感受到店主的诚意和专业性，进而渴望了解店铺信息了。这个时候，我们可以在第二页插入一些关于店铺的信息。这样，更能起到引导阅读者来店购物的作用。

要针对大众切实关注的问题进行提问：在进行提问的时候，一定要针对大众切实关注的问题进行提问。千万不要凭借自己的想象提问，而要切实进行调查和分析。这样，才能确保内容的浏览量。否则，就会造成浏览量低的尴尬情况。

保持内容的专业性和原创性：在进行问答类推介回复的时候，一定要保持内容的专业性和原创性。这样，才能确保内容被搜索引擎"喜欢"，并且收录。

> **Tips** 当你选择通过问答平台来进行推介的时候，一定要注意不要急于展示店铺相关信息，要使你的问题和答案具备一定专业性和原创性，所提出的问题一定要切实是购买者所关心的。这样，才能使推介达到预期的效果。

11.8 如何在 DM 单上推介自己的店铺

如果你的淘宝店铺有线下实体店，并且不定期会派发一些 DM 单的话，那么不妨在 DM 单的显著位置上添加关于店铺的信息。这样，更容易促成转化。本节，就对这一问题与你进行详细探讨。

11.8.1　在 DM 单上推介店铺的优势

将线上线下相结合起来：可能有很多人在接到 DM 单以后对店铺感兴趣，但是暂时无法到实体店来进行购物。如果 DM 单上没有网店的地址，那么购买者只能暂时放弃购买，这样久而久之购买者就会慢慢淡忘，进而放弃购买。因此，要在 DM 单上推介店铺就应该使线上线下相结合起来，更好地服务客户。

锁住意向客户：正如上面所说，很多人在接到 DM 单的时候可能暂时没时间到店消费。那么久而久之，购买者在"等下次再说"之中慢慢淡忘了店铺。因此，在 DM 单上展示网店信息能够引导意向客户来到网店进行消费。这样，就在无形当中锁住了意向客户。

方便回购：有很多到店消费过的人都有回购的欲望，但是没时间到店消费。那么当他们接到的 DM 单上有网店地址以后，这些人就会选择在网店进行回购。这样，更便于老客户进行回购。

11.8.2　该如何在 DM 单上推介自己的店铺

其实，在 DM 单上推介自己的店铺非常简单。你只需要提取店铺二维码，并且撰写一些引导扫码购物的文案就可以了。这样，阅读者就能够在文案的引导之下，通过扫描店铺二维码来进行回购了。

11.8.3　在 DM 单上推介店铺时该注意的问题有哪些

色彩要突出：在 DM 单上对店铺进行推介时一定要注意，使用特殊醒目的色彩来展示店铺二维码和引导扫码的信息。这样，大家在浏览的时候才会留意到，进而扫码购物。

言简意赅：众所周知，没有人会花费大量的时间来阅读 DM 单，因此在推广的时候一定要注意言简意赅。能够让更多人看得懂，并且刺激出购买欲望就可以了。

Tips 如果你的网店拥有实体店，并且会不定期地发放 DM 单，不妨将网店二维码放进去。这样，不仅能够锁定意向客户，更方便老客户在网上进行回购。当然，在操作的时候一定要注意色彩突出，并且做到内容言简意赅。

11.9 如何在实体店推介自己的网店

当你的网店拥有实体店铺的时候，一定要抓住机会将网店的二维码展示给顾客。这样，既能够锁住老顾客、方便老顾客进行回购，又能够使老顾客在第一时间了解店铺内的近期活动。本节，就对这一问题与你进行详细探讨。

11.9.1 该如何在实体店推介自己的网店

在桌子或者吧台展示网店二维码：你可以将网店的二维码打印出来，展示在店内桌子的角落或者吧台处，这样购买者来店内进行购物的时候就会在好奇心的驱使下进行扫描和关注。这样，没时间到店购物的顾客群就会选择在网店进行回购了。

举办活动推介自己的网店：如果你想要让更多的人来了解你的店铺，那么不妨通过举办活动的方式，让更多人来关注你的网店。这样顾客既得到了实惠，你的网店也积累了很多收藏和关注量。当购买者在无暇到店购物时，就会选择在网店进行购物了。

11.9.2 在推介自己的网店时该注意的问题有哪些

注意提醒：你将店铺二维码打印出来，贴在实体店铺内只是万里长征的第一步，接下来我们还需要在顾客购物以后，注意做到及时的提醒。这样，才能确保所有顾客都知道咱们家店铺还拥有网店。

注意醒目度：一定要注意网店二维码的醒目程度。只有你的网店二维码足够醒目，才能起到引导扫描和关注的作用。

Tips 如果你的网店拥有实体店铺，那么不妨将网店二维码展示在实体店铺内，同时做到足够的提醒，或者通过活动来刺激顾客进行关注和收藏。这样，才能使你的推介达到预期的效果，进而在顾客无暇到店购物的时候，选择在你的网店进行购物。

第12章 不同行业的文案特点

Chapter Twelve

淘宝店铺的文案并非一成不变，针对不同行业撰写文案的侧重点也不尽相同。那么在本章，作者就根据不同行业总结了文案的不同方向和侧重点，从孕婴产品、服装内衣、鞋帽箱包、家电数码、美妆洗护、美食生鲜、装修建材、珠宝等多种行业入手，进行深度讲解，告诉你不同行业的文案调性和侧重点都是什么。

12.1 孕婴产品行业淘宝文案的特点是什么

孕婴产品事关宝宝和宝妈的身心健康，因此购买者在选择上也会更加谨慎。那么作为店主就应该考虑到这一点，并且在文案上有针对性地进行调整。本节，就为你详细讲解孕婴产品行业淘宝文案的特点。

12.1.1 孕婴产品行业的侧重点在哪里

安全性：几乎百分之百的宝爸妈在挑选孕婴产品的时候都会考虑安全性的问题，一旦发现什么产品存在安全隐患或者可能存在安全隐患就会立刻选择放弃购买。因此，作为卖家应该时刻考虑到这一点，在文案当中重点说明商品的安全性这一最重要的问题。

材质：除了安全性以外，材质也是宝爸妈在挑选商品时经常思考的问题。作为卖家，应该在文案当中通过图片和文字向购买者清晰地展示商品材质，让购买者知道这款商品的材质更亲肤、更柔软。这样，宝爸妈就能够安心地进行购买了。

气味：在大众心里，带有气味的商品往往都具有一定副作用，因此不适合宝宝使用。那么作为卖家，就应该在文案当中着重说明商品无气味。这样，就能够让宝爸妈放心地来为宝宝挑选商品了。

亮度：众所周知，宝宝的眼睛是非常脆弱的。如果儿时不注意保护，让宝宝时刻盯着过亮的东西就会使宝宝患上眼疾，甚至有失明的危险。因此，作为卖家在文案当中就应该着重说明商品的亮度。

标识：有很多诸如婴儿奶粉和知名孕婴产品的品牌都会拥有特定的标识，宝爸妈在购买的时候也会认准这些标识。因此，如果你所售卖的商品拥有特定标识，就应该在文案当中加以说明。这样，就能够快速地提高宝爸妈的信任感，进而促成成交。

12.1.2 孕婴产品行业文案的调性是什么

温馨阳光：宝宝象征着未来和希望，拥有宝宝的年轻人也都会时常憧憬未来的生活，因此在撰写孕婴产品的时候就应该主要营造温馨阳光的感觉，让宝爸妈感受到爱、阳光、安全和舒适就可以了。

童话益智：孩子成长也是宝爸妈比较关注的问题，因此在文案当中也可以营造童话和益智的感觉，这样宝爸妈就会了解到这个商品可以帮助宝宝开发智力，使宝宝更好地成长，进而就会下意识地进行购买了。

12.1.3 孕婴产品行业文案在撰写时该注意什么问题

实事求是：关于孕婴产品在撰写文案的时候，一定要讲究实事求是。如果商品适合 3 岁以上的宝宝进行使用，那么就应该详细作出说明。这样，购买者才能够有针对性地来进行选择。同时，也能够感受到卖家的诚意，进而对店铺产生好感。

细节描述：针对孕婴产品我们还需要对细节进行详细地描述。要让购买者一目了然地知道，产品的哪些细节可能会有安全隐患、哪些没有，产品的哪部分材质可能和想象的不一样。这样，购买者才能够有针对性地进行挑选。

> **Tips** 如果你经营的是孕婴产品，那么就应该着重描写：安全性、材质、气味、亮度、标识等宝爸妈最为关心的几个方面。当然，在撰写文案的时候一定要营造温馨阳光或童话益智的氛围。这样，才能让宝爸妈对未来生活充满想象，对宝宝的成长充满期望，进而选择购买。

12.2 服装内衣行业淘宝文案的特点是什么

服装内衣都是大众生活当中贴身使用的东西，因此在挑选上购买者都会格外细心。那么你知道大众在挑选服装内衣的时候都在关注哪些方面吗？作为店主在撰写文案时又该侧重哪些方面呢？在本节，笔者就与你针对这一问题进行详细探讨。

12.2.1 服装内衣行业文案的侧重点在哪里

外观风格：服装的款式对销售量起到了至关重要的作用，因此在撰写服装类文案的时候就一定要着重描述服装的外观以及风格；是适合女童还是适合男士，是朋克风还是学生风。这样，购买者就可以根据自身需求有选择性地来进行购买了。

面料：在消费者选择服装的过程当中，面料也是大众所关注的焦点。柔软亲肤的面料能够让购买者穿上去感觉更加舒适。因此作为店主，一定要讲清楚服装的面料。这样，购买者才能够根据需求更好地进行选择。

季节：服饰的选择也是随着季节的变化而变化的，因此作为店主就一定要写清楚自己的服装到底适合春夏穿还是秋冬穿。这样，购买者才能在文案的引导下选择适合自己的服装来进行购买。

尺寸：如果你仔细留意就会发现，有些时候你看中了一款衣服，但买到手却发现衣服的号码太小自己根本穿不上，进而影响了购买的心情。为了避免这样尴尬的局面出现，作为店主也应该写清楚衣裤的尺寸。这样，购买者才能根据身材条件清晰地进行选择。

色差：因为网店的图片往往会受到光线等条件的限制出现色彩误差，有些时候会和购买者的期待有所不同。因此作为店主就一定要认清这一点，在文案当中向购买者说明清楚。这样，就能够很好地调整购买者对服装颜色的期待，促成完美的购物体验。

退换：很多购买者不敢在网络上购买服装最主要的原因就是害怕不能退换货。那么，作为店主就应该意识到这一点，在文案当中说明到底能否退换货。这样，才能使购买者放心大胆地进行购买。

12.2.2 服装内衣行业的调性是什么

在更多时候，服装内衣行业的文案调性是依据服装内衣风格来进行调整的，有多少服饰风格就有多少种文案风格，很显然本节不可能逐一地讲到。在这里，笔者就依据常见的几种风格为你进行简单的讲解。

时尚感：时尚酷炫，是很多服饰店铺文案主要营造的感觉，店主在售卖舞台服装、朋克机车服装时惯用的方法，旨在让购买者一目了然地了解到穿上店内的衣服会变得酷酷的、颇有华丽感，进而促成购买。

清新感：对于森系和学院风的服饰，我们主要营造清新的感觉。这样，才能吸引学生和喜欢清新风格的人群来进行购买。

成熟感：这样的文案感觉主要是用于宣传OL风格服装的，因为这样的服装一般都属于西装和通勤装，是购买者买来见客户和上班用的。在文案当中营造成熟、严谨的感觉会使购买者更清晰地意识到这类服饰适合怎样的场合，进而根据需求促成购买。

季节感：众所周知，服装是随着季节的变化而变化的，因此文案风格也需要随着季节的变化而变化。春夏季可以在文案当中营造轻便、温馨、清爽、欣欣向荣的感觉；秋冬季可以在文案中营造温暖、厚重的感觉。这样，购买者就会意识到服装到底适合怎样的季节，进而有选择地购买了。

> **Tips** 在撰写服装内衣行业的文案当中主要应当侧重：外观风格、面料、季节、尺寸、色差，这样购买者才能够在阅读以后清晰地了解这款衣服是多大的、什么颜色、到底适合什么季节和什么场合来穿。

12.3 鞋帽箱包行业淘宝文案的特点是什么

鞋帽箱包是每个人在生活当中都经常会用到的东西，那么你知道购买者会依据怎样的条件来进行选择吗？他们在选择时又会注意哪些问题呢？本节就对这一问题与你进行详细的探讨。

12.3.1 鞋帽箱包文案的侧重点是什么

外观：外观依旧是现代购买者比较重视的问题。因此，在文案上一定要考虑到这一点，针对商品的外观进行详细的描述。当然，如果你的鞋帽箱包具有特定的风格，也应该在文案当中着重说明。这样，购买者才能够根据需求有针对性地进行选择。

尺寸：对于鞋帽箱包商品而言，尺寸也非常重要。因此，在售卖商品的时候也应该注意将商品的尺寸写进去，这样购买者才能够在引导下有针对性地进行选择。如果不写明尺寸，那么就很容易让购买者造成选择困难。

做工：做工决定着商品的质量，因此在售卖鞋帽箱包时还应该着重描写做工，将商品如何制作、利用怎样的技术制造、标准是什么都呈现出来，这样购买者才能够清楚地意识到商品的质量和质地是怎样的，进而根据需求进行购买。

承重能力：在售卖一些诸如旅行箱等商品的时候，一定要注意将承重能力写进去。要让购买者一目了然地看清楚到底这个箱包能够承受多大的重力。进而，根据自身行李的重量来进行购买。

返修：很多鞋帽箱包的价格都不菲，因此购买者很害怕买到家以后没用几天就坏掉了。因此，作为店主就一定要将这个问题写清楚，明确告知购买者，在购买商品后多长时间内可以保修。这样就能够省却购买者不必要的担心了。

搭配：在很多时候购买者喜欢一款鞋帽箱包，但不愿购买的原因就是"不知道如何进行搭配"。因此，作为卖家也应该为购买者考虑到这一点，利用文案和图片的方式为购买者推荐几种搭配方法，这样购买者就会在引导下放心大胆地进行购买了。

功能：对旅行箱包等商品，有很多购买者都会有自己的特殊需求，比如，防水、耐磨、有密码锁、有卡扣等。作为店主，我们还需要将功能介绍全面，这样购买者才能够根据自己的需求有针对性地进行选择。

12.3.2 鞋帽箱包文案的调性是什么

如果你仔细留意就会发现，鞋帽箱包这类商品一般没有什么调性可言，很多商家都是针对商品进行详细的介绍以后，就完事大吉了。因此，我们在撰写此类文案时应该着重讲述细节和搭配，为购买者讲清楚基本的元素。

> **Tips** 在推介鞋帽箱包等商品的时候，一定要注意着重描写商品的外观、尺寸、做工、承重能力、返修、搭配、功能等方面。此外，还应注意在文案当中为购买者进行有针对性的穿衣搭配推荐，这样才能最大限度地对购买者起到引导的作用，进而刺激需求形成购买。

12.4 家电数码行业淘宝文案的特点是什么

家电数码也是每一个家庭生活当中的必备品，那么作为卖家你知道购买者在购买此类商品的时候都侧重于关注哪些方面吗？那么本节，就针对这一问题对你进行详细的讲解。

12.4.1 家电数码行业文案的侧重点是什么

功率耗电：功率耗电是购买者在挑选家电时最重视的问题之一，耗电量低的家电更容易受到购买者的青睐。因此，作为卖家一定要写清楚数码家电的耗电量。这样，才能方便购买者估算每月将使用的电费，进而选择适合自己的商品来进行购买。

功能：除了耗电量以外，在购买者进行挑选时，产品的功能也是重点考虑的因素。功能全面、简单易用、迎合现代生活的家电数码产品更容易被购买者所接受，因此作为卖家也要将产品的功能讲述全面。这样，购买者才能对产品有一个清晰的认知，进而根据需求进行购买。

外观材质：数码家电的外观材质在一定程度上影响着它的使用年限，在很多人眼里金属外壳要比塑料外壳的家电更加结实耐用。因此，作为卖家一定要在文案中写清楚商品的外观和材质到底是什么样的，进而方便购买者进行购买。

尺寸：要知道购买者在装修时都会为家电等商品留有足够的摆放空间。因此，作为卖家还应当在文案当中写清楚家电的尺寸，这样就能够起到提醒购买者测量家中实际空间的作用，进而选择适合自己的家电产品进行购买。

安全性：对于家中有孩子的购买者，他们在购买的时候都会着重查看商品是否存在安全隐患。因此，作为卖家应当意识到这一点，针对家电数码产品的安全性进行详细说明。让购买者清楚地知道商品是否存在安全隐患，哪些地方是绝对不能让孩子触碰到的。

技术性：随着现代人生活节奏的日益加快，对家电数码产品的需求和期待也在不断地提升，因此作为店主一定要将产品的技术性展示出来。明确告知购买者我们的产品都采用了哪些技术，这些技术是否是目前最先进的，能否适用于现代生活。

保修安装：当购买者买回家电数码产品以后，最担心的就是保修和安装的问题。因此，作为店主还应该将保修安装等问题在文案当中讲清楚，明确告知保修和安装的有关信息，这样才能最大限度地解决购买者所担忧的问题，进而形成对店铺的信任。

使用：有很多人在购买了家电和数码产品以后，会发生不会使用的问题。店主应该提前意识到这一点，将使用说明展示在文案当中。这样，就能够帮助购买者快速使用和体验产品了。

12.4.2　家电数码行业文案的调性是什么

家电数码是每一个家庭日常生活当中的大件产品，因此在挑选的时候购买者都会慎重又慎重。那么作为卖家，就应该在文案当中保持专业、严谨、负责、匠心制作的调性。这样，才能给购买者一种靠谱的企业形象，进而使购买者放心地在店铺内进行购买。

> **Tips** 家电数码行业在撰写文案的时候应该侧重讲解"功率耗电、功能、外观材质、尺寸、安全性、技术特点、保修安装、使用"等方面的问题，在文案上应该保持专业、严谨、负责、匠心制作的调性，这样才能使购买者对店铺拥有信任感，进而形成购买。

12.5 美妆洗护行业淘宝文案的特点是什么

美妆洗护用品是每一个人每天都会用到的东西，因此购买者在购买时所考虑的因素也比较多。那么，作为店主我们又该如何通过文案向购买者来推介这些东西呢？撰写推介文案的侧重点又在哪里呢？本节，就针对这一问题与你进行详细的探讨。

12.5.1 美妆洗护文案的侧重点是什么

成分：美妆洗护用品是所有人每天都会使用的东西，因此购买者在购买时都会关注成分问题。如果产品含有对人体有害的成分，或者能够引发慢性中毒的成分，就会放弃购买。因此，作为店主一定要意识到这点，将成分在文案当中写清楚，这样购买者就会对产品的安全性有一个预估，进而有针对性地进行选择了。

技术：在很多人眼里技术依旧决定着产品的质量和功效，利用高新技术生产出来的商品就是要比其他商品更安全有效。因此，作为卖家还应该将商品的生产技术写清楚，这样购买者就能够对店铺产生信任感，进而形成购买了。

案例：美妆洗护类产品最主要的就是案例分享，这样能够使购买者清楚地看到产品所带来的效果。因此，一定要注意在文案当中多多增加案例对比。这样，才能使购买者产生对店铺的信任感。

教程：有很多女生渴望化妆，但不知道美妆用品应该如何使用。因此，作为卖家就应该在文案当中增加化妆教程，告知购买者产品该如何使用。这样，购买者就能够放心大胆地进行购买了。

12.5.2　在撰写美妆洗护文案时该营造怎样的调性

清新风：这个比较好理解，针对男士洗护和婴儿洗护用品，我们可以走清新风。这样，就能够给购买者一种舒服清爽的感觉，进而使购买者放心大胆地进行购买。

华丽风：这个一般用于美妆用品。因为女孩子都希望自己化妆以后能够给人一种华丽的感觉，就像女神一样。因此，在撰写文案的时候就应该营造华丽的感觉，这样才能让购买者感觉到美妆对于自己生活的改变，进而促成购买。

技术风：也有很多购买者看重美妆洗护用品的功效，因此作为卖家就需要在文案当中打造技术风，这样就能够让购买者一目了然地了解到商品的功效以及是否有副作用。进而，对商品形成信任感促成购买。

> **Tips** 在撰写美妆洗护文案的时候一定要注意着重讲述商品的"成分、技术、案例、教程"四大方面。这样，购买者才能对商品的功效和成分以及副作用、使用方式拥有足够的认知，进而形成购买。

12.6　美食生鲜行业淘宝文案的特点是什么

美食生鲜都是大众平时需要入口的东西，因此在选择上就会格外慎重。那么作为卖家，你知道购买者在进行挑选时都侧重于考虑哪些方面吗？本节，就对这一问题与你进行详细探讨。

12.6.1 美食生鲜行业文案的侧重点是什么

产地：对于美食生鲜产品来说，产地起着直观重要的作用。好的产地决定着美食生产产品的口感，同时也能证明食物是否被污染过。因此，作为卖家在撰写文案的时候就应该着重描写这方面内容。让购买者明白商品是产自哪里的，有无污染危险。

包装：有很多购买者之所以不愿意在网络上进行购物，是因为害怕路途遥远包装出现破损使食物被污染和损坏，或者包装过于严密使食物在运输途中变质。那么作为店主就应该意识到这一点，在文案当中进行着重描写，使购买者消除不必要的担心。

物流：众所周知，运输时间过长会造成食物变质。因此，商品的物流问题在美食生鲜行业也不可小觑。作为店家，一定要详细写清楚物流运输所需的时间，方便购买者进行估算和判断。

保存：美食生鲜运输到家里只是第一步，有些时候购买者买到家里以后不可能一次性全部吃光。那么这个时候就涉及保存的问题。那么作为卖家就应该意识到这一点，针对食物的家庭储藏办法进行详细的讲解。这样，就能帮助购买者解决实际问题，进而使购买者对你的店铺产生好感了。

货样：因为网购美食生鲜尤其是水果，都涉及二次成熟的问题。因此，店主就应该在文案当中针对货物到底是什么样子的进行告知。这样，当购买者收到实物后如果发现果实没有完全成熟，也不会表现得特别惊慌和失望，进而草草地给出差评。

12.6.2 在撰写美食生鲜行业文案时该注意哪些问题

注意说明生产日期：美食生鲜类产品会涉及新鲜度的问题，但是大多数购买者在购买时都会忘记这一点。那么作为卖家就应该着重说明自己商品的生产日期和保质期，这样才能让购买者知道这个商品到底是不是新鲜的，应该在几天之内食用完毕。

注意标明口感：在网络上购买美食生鲜产品大都是跨区域的，很多购买者都图个新奇来购买，之前自己从未吃过。因此，作为卖家就一定要注意标明商品的口感，这样才能给购买者一个合理的心理预期。

瑕疵提醒：众所周知，你不可能保证所有的美食生鲜都是毫无瑕疵的精品，但是购买者却希望收到全部是精品的货物。因此，针对货物中可能存在瑕疵的状况一定要做到足够的提醒。这样，才能使购买者的期待保持在合理的范围之内。

> **Tips** 在撰写美食生鲜类产品文案时一定要注意详细描述商品的"产地、包装、物流、保存、货样"；这样购买者才能够明确地知道商品是否有被污染的可能性、多少天能够到达、在运输途中是否存在变质风险等一系列问题。

12.7　装修建材行业淘宝文案的特点是什么

现如今很多年轻人由于工作繁忙，在装修时都会选择在淘宝等网店购买建材。那么，你知道他们在选购时都看中哪些方面吗？本节，就对这一问题与你进行详细的探讨。

12.7.1　装修建材行业文案的侧重点是什么

单价：有很多私人定制诸如"榻榻米"等商品，应该在文案当中明确表明收费的单价到底是什么？是每平米、还是每10平米多少钱。这样，就能够与购买者达成认知统一，进而消除不必要的麻烦。

效果图：如果你提供的是设计类服务，那么应该提前制作出效果图，或者在文案当中添加一些过往的案例。这样，购买者就能够清楚地知道你的设计风格以及设计水平了。进而，将期待控制在合理的范围之内。

物流：装修有些时候更重要的是时间，不可能你装修了一半要等建材来了再装另一半。因此，物流至关重要。作为卖家一定要清楚地意识到这一点，在文案当中针对物流方面做好足够的解释和告知工作。

装配：装修用的建材在运送到位以后，还需要做的一件事情就是装配。买的东西到底该如何安装和使用？关于这个问题，作为卖家也应该在文案当中做到及时告知。进而，免除购买者不必要的担忧，让他们购买商品以后不担心安装问题。

返修：很多人在购买建材类商品时最害怕的就是需要返修。因此，作为卖家一定要注意在文案当中将返修流程进行详细的告知，这样才能取得购买者的信任，进而选择购买了。

12.7.2　在撰写装修建材行业文案时该注意的问题有哪些

客服电话要告知：对于装修建材类商品，在购买和安装使用时往往会遇到这样或者那样的问题，而这样的问题并不是仅靠在线客服就能够解决的。因此，作为卖家一定要熟知这一点，在文案当中标明商品的官方客服电话，并保持电话的畅通性。这样，才能够给购买者提供一个良好的购物体验。

色差等细节问题要注意：由于网络图片展示往往会遇到光线等问题的干扰，进而使色彩有所偏差。关于这个问题，卖家应该在文案当中做出详细的说明。这样，购买者就能够将期望控制在一个合理的范围之内。

> **Tips** 当你售卖的是装修建材类商品时，一定要注意写清楚"单价、效果图、物流、装配、返修"等问题。这样，购买者就能够对商品的认知与你

保持一致，并且将期望控制在一个合理的范围之内。

12.8 珠宝行业淘宝文案的特点是什么

众所周知，珠宝相对来说是比较昂贵的东西。近年来随着网购的流行，也有很多人会选择在网络上购买珠宝。那么，作为店主你知道购买者在选择商品时的侧重点都在哪里吗？本节，就对这一问题与你进行详细的探讨。

12.8.1 珠宝行业文案的侧重点是什么

保真性：针对珠宝和玉器，很多购买者之所以不愿意在网络上进行购买，就是因为害怕用高昂价格买到假货。因此，作为店家一定要想尽办法，在文案当中讲清楚货品的保真性。这样，才能让购买者放心地进行购买。

保值性：几乎所有购买者都不希望自己所购买的珠宝玉器在购买以后出现贬值的情况，因此作为卖家一定要在文案当中说清楚商品的保值性。这样，购买者才会在引导下对商品产生购买的信心。

产地：在很多时候，同样是珠宝玉器，但是不同产地的商品的价格也有着天壤之别。因此，作为卖家一定要在文案当中写清楚商品的产地是哪里。这样，购买者才能够有针对性地进行选择了。

外观：人们之所以想购买珠宝玉器，大都是因为喜欢其外观。因此，作为卖家就一定要在文案当中针对商品的外观进行详细的描述，或者通过图片的方式来进行展示。这样，才能够使购买者在引导下选择适合自己的商品进行购买。

保价方式：诸如珠宝玉器这样的商品，物流是一个大问题。所有购买者都会担心商品在运输途中出现遗失或者损坏的情况。因此，作为店主一定要在文案当中讲清楚保价方式，是否为商品提供物流责任险。这样，才能使购买者更加放心地进行购买。

物流：当购买者下单以后，物流则成为了至关重要的问题。因此，为了避免购买者过度焦虑，作为卖家一定要注意在文案当中写清楚物流需要的时间。这样，也方便购买者及时地安排时间来进行商品的验收。

保存：针对珠宝玉器，保存是重中之重，如果不好好保存就会造成商品的损坏。因此，作为卖家还应该在文案当中写清楚商品的保存方法，这样购买者就能够感受到卖家的诚意，进而对店铺产生好感形成购买了。

12.8.2 在撰写珠宝行业文案时该注意的问题有哪些

实事求是：在撰写珠宝行业文案时最重要的就是实事求是，如果你的商品某些地方的确有瑕疵，或者色泽不像想象的那么通透，就一定要在文案当中写清楚。千万不要试图蒙混过去，那样只能让购买者对你的店铺失去信任，还会让他们有一种被欺骗的感觉。

证书证明要展示：如果你的商品拥有证书或证明真伪的东西，就一定要在文案当中展示出来。这样，购买者才能够了解到你商品的价值和真实性，进而增加信任感。

> **Tips** 在撰写珠宝行业文案时一定要注意侧重展示商品的"保真性、保值性、产地、外观、保价方式、物流、保存"等方面。当然，如果你的商品拥有相关证书证明，也应该在文案当中进行说明和展示，这样购买者才会对店铺产生信任感，进而选择购买。

12.9 汽车行业淘宝文案的特点是什么

在电商平台上，有一类商品比较特殊，那就是"汽车"。看到这里可能有些人会问："汽车怎么能在网店卖？商品怎么运输呢？文案又该怎样撰写呢？"那么本节，就与你就这一问题进行详细的探讨，告诉你汽车行业淘宝文案的特点到底是什么。

12.9.1 汽车行业文案的侧重点是什么

促销政策：在一般情况下很多汽车制造公司都会针对现有情况，开展促销和优惠活动。那么，作为卖家就应该将现有活动在详情页当中进行展示。这样，购买者就可以一目了然地了解到近期这款车的价格最低能达到怎样的程度，所附赠的东西又有哪些，进而有针对性地进行购买。

购物流程：显然，汽车不可能在网购以后直接给买家邮寄到家。因此，就需要卖家在文案中写清楚购物流程。买家在线支付完定金以后，是有人预约购买者到店提车、试驾，还是需要等客服电话？这一系列的购买流程作为卖家都应该在宝贝详情页中写清楚。

汽车性能及优势：除了上述内容以外，汽车的性能和优势也应该在文案中有所体现。这样，购买者就可以根据自身需求进行选择了。比如有些人喜欢节能车型，而有些人喜欢安全系数高的汽车。作为卖家如果不想先写明这些性能和优势，就很容易使购买者在购买时出现错误决策。

参数配置：汽车的参数配置表也应该详细地展示出来，这样才能使购买者对汽车的各个数据都有一个非常详尽的了解，从而根据自身需求，有针对性地进行购买。比如，有些人喜欢三缸发动机、有些人喜欢四缸发动机。作为卖家如果不写明这些详细的性能和优势，就很容易使购买者在购买时做出错误的决策。

车身颜色：千万不要小看了车身颜色在购买过程中起到的作用。作为卖家，一定要将车身颜色一共有几种详细写清楚。这样，购买者才能在选择时有所侧重。如果购买者喜欢黑色，但是恰恰店铺中黑色汽车卖完了，卖家如果没有写清楚就会导致购买者提车时白跑一趟。那么，这就给购买者造成了不必要的麻烦。

价格说明：众所周知，不同城市不同时期同一款车辆的价格都不尽相同。

因此，作为卖家一定要写清楚价格说明。这样，才能给购买者一种良好的购物体验，进而根据自身的购买能力有选择性地进行购买。

12.9.2 在撰写汽车行业文案时该注意的问题有哪些

介绍要详尽：汽车行业文案所要介绍的内容比较多，因此在撰写文案之前最好列一个清单，确保所有必须介绍的内容都介绍详尽。这样，才能在最大限度上让购买者全面地了解汽车，进而根据自身需求进行选择。

注意起小标题：因为汽车行业所要介绍的内容比较多，因此不妨起一些小标题。这样，不仅能够起到引导阅读的作用，还能够使文案的版面看起来比较整洁，有规律。

注意图文结合：汽车行业文案的重点之一是要让购买者看到具体车型的样式，因此汽车的样图和广告图必不可少。所以，在撰写文案的时候一定要注意图文结合；只有这样，文案内容才能看起来相对丰满。

> **Tips** 在撰写汽车行业文案时，一定要将"促销政策、购物流程、汽车性能和优势、参数配置表、车身颜色、价格说明"等信息详细且全面地展示出来。这样，购买者才能更全面地了解汽车，进而根据自身需求来有针对性地进行选择。当然，在撰写时为了使文案看起来比较整洁、富有规律性，我们还可以通过起小标题的方式来进行展示。同时，还要注意图文结合。

12.10 运动户外用品行业淘宝文案的特点是什么

近年来，随着全民健身热，很多运动户外用品店也是风生水起。那么，作为卖家你知道购买者在挑选运动户外用品时都着重考虑哪些问题吗？卖家在撰写文案时又该侧重讲解哪些内容呢？那么本节，就针对这一问题与你进行详细探讨。

12.10.1 运动户外用品文案的侧重点是什么

功能：针对户外用品一定要详细写清楚功能是什么，只有这样购买者才能够有针对性地进行选择。比如你撰写登山杖的文案，那么就一定要写清楚这款登山杖适合草地、山地还是雪地，登山杖能否弯折，等等功能。这样，购买者才能根据自身实际需求有针对性地进行选择。

型号：有些户外用品例如冲锋衣、登山鞋等都是分为不同型号和尺码的。那么作为卖家就应该对这一问题进行详细的说明，告诉购买者衣服尺寸和裤子尺寸，以及鞋子到底有多少种号码，这样才能使购买者根据自身情况进行选择购买。

优势：众所周知，运动户外用品最重要的就是穿着比较舒服、防磨耐刮、易携带，那么作为卖家，就应该写清楚自身产品的优势。告诉购买者，我的运动户外用品可以抵御多少级大风，是不是采用了防损材质、经不经得起磨损和刮擦。这样，才能使购买者对你的商品放心。

细节展示：当然，运动户外用品的细节也不容忽视。购买者买到家以后就怕哪里都好，就是拉链坏了，那么就会使购买者在使用的时候造成麻烦，进而使商品无法继续使用。因此，作为卖家一定要针对商品的细节进行全方位的展示。这样，购买者才能够对产品产生信任感，进而尝试购买。

使用效果：要知道运动户外用品多半都是用来穿戴的，因此使用效果显得至关重要。如果不展示使用效果，购买者就会在心里产生一种疑问："这款商品到底适不适合我使用？我使用后能不能好看？"进而犹豫不决，不敢尝试购买。因此，作为卖家就应该提前将商品的使用效果展示出来，这样购买者就可以清楚地看到商品使用后的效果，进而有针对性地进行选择购买了。

12.10.2 在撰写运动户外用品文案时该注意的问题有哪些

实际拍摄：针对运动户外用品文案，配图最好是实际拍摄的。比如，你想要展示的是登山杖可以用来登雪山,那么不妨拍摄一张登山者拿着登山杖登雪山的照片。比如,你想要展示你的商品防磨防刮,那么不妨拍摄一张拿着小刀刮产品的照片。这样,要比任何文案都具备说服力,可以让购买者更加直观地看到产品的使用效果和优势。

实事求是:运动户外用品是购买者需要实际用到生活当中的东西。因此,一定要讲究实事求是,切忌夸大使用效果。否则,只能使你的购买者在使用时遇到无法挽回的麻烦,进而使购买者拥有一种被欺骗的感觉,对你的店铺失去信任。

次数预估:如果你卖的是钓鱼竿、登山杖这类需要反复使用的商品,那么不妨给你的购买者在文案当中列出一个使用次数预估。这样,购买者就会在使用时多加注意,进而在快到使用期限时,注意带个备用的用品。这样,就减少了不少不必要的麻烦。

> **Tips** 在撰写运动户外用品文案的时候,一定要注意侧重将产品的"功能、型号、优势、细节展示、使用效果"都展示出来。这样,购买者才能够更加全面地了解商品的使用环境、优势,进而根据自身的实际需求有针对性地进行选择购买。

12.11 游戏行业淘宝文案的特点是什么

近年来随着各类游戏的火爆,与游戏相关的小店也应运而生。那么,你知道购买者在选择购买代练、点卡、游戏币时都着重注意哪些问题吗?那么本节,就针对这一问题与你进行详细探讨,告诉你游戏类买家在选择购买商品和服务时都关注哪些方面。

12.11.1 游戏行业文案的侧重点是什么

优势:众所周知,一般提供游戏代练服务的都是小型工作室和团队或者个人。那么，就一定要写清楚小店自身的优势（包括：销量、评价、工作室环境、人才储备等）。这样，才能够给购买者一种正规、权威、靠谱的感觉，进而增加对店铺的信任度，促成购买者在你这里进行购买。

套餐内容：众所周知，不同游戏、不同卖家，所售卖的游戏套餐内容都不尽相同。因此，作为卖家就应该写清楚，自己的小店到底是售卖哪些游戏套餐。这样，购买者就可以根据自身需求来进行选择了。

代练服务：除了直接售卖游戏套餐外，很多店铺还经营代练服务。那么，这就需要卖家明确告知购买者多少天可以修炼到什么等级。这样，购买者才能根据练级天数和需求进行选择。否则，就会使购买者陷入一种无休止的等待当中，进而使购买者对店铺失去信任。

装备：要知道不同游戏可以售卖的装备也不同，因此一定要将可以售卖的装备和对应价格写清楚。这样，购买者就可以根据需求来进行购买了。

附加说明：游戏代练，涉及账号的登录问题；游戏装备和套餐的售卖，也涉及交接的问题。这个时候，就需要卖家详细地撰写附加说明，明确告知购买者，在购买以后该如何操作。这样，才能确保所有购买者都能够在购买以后接收到他们想要的东西，体验到相应的服务。

12.11.2　在撰写游戏行业文案时该注意的问题有哪些

注意起小标题：要知道游戏服务的详情页需要包含的内容比较多，因此一定要注意通过起小标题的方式将每个模块的内容都有针对性地进行展示。这样，才能使购买者在阅读时有一种清晰的感觉。

注意客服跟进：要知道并不是所有人都是游戏高手，因此在接收装备套餐和练级的时候就会遇到一定的麻烦。作为客服，一定要在购买者下单以后进行及时地跟进。这样，才能使所有购买者都能在第一时间体验到服务，领到所购买装备的套餐内容。

注意写清楚权责界限：对于服务类的商品，往往会遇到这样或者那样的突发问题。因此，作为卖家一定要写清楚权责界限。这样，既能保护购买者的权益，又能避免店铺自身蒙受不必要的损失。

> Tips　在撰写游戏行业淘宝文案的时候，一定要注意将"优势、套餐内容、代练服务、装备、附加说明"等内容进行详细描述。这样，购买者才能够有针对性地进行选择。当然，在撰写文案的时候一定要注意起小标题，这样才能使购买者阅读起来有逻辑感。同时，在购买者下单以后一定要注意客服跟进、写清楚权责界限，这样不仅有利于购买者更好体验服务，还能使卖家规避不必要的麻烦。

第13章　其他淘宝文案常见问题解析

Chapter Thirteen

除了本书前面所讲述的那些方面，在撰写淘宝文案的时候，一定还会遇到诸多问题。那么，在本章，作者就根据过往经验汇总了一些在撰写淘宝文案时经常遇到的问题，并进行逐一解答。帮助你快速解决实操中遇到的难题。

13.1　宝贝配图会影响文案效果吗

在撰写宝贝文案的时候，有很多人都会有这样的疑问："宝贝配图会影响文案效果吗？在撰写详情页的时候又该如何进行配图？配图应该选择怎样的图片？"那么本节，就对上述问题与你进行详细探讨。

13.1.1 宝贝配图会影响文案吗

这个答案一定是肯定的。要知道在淘宝页面当中，图片在某些情况下要比文案更具说服力。因此，我们不妨在文案当中配上适当的图片。这样，购买者在阅读的时候也能够清晰明了地了解宝贝的基本信息和使用后的效果。

13.1.2 淘宝配图的规则是什么

看到这里一定有人会问：既然宝贝配图会提高文案效果，而且还有着这么重要的作用，那么我们在实操过程当中又该如何为自己的文案配图呢？淘宝配图的规则又是怎样的呢？下面，就对这一问题进行详细阐述。

确保清晰度：清晰度是淘宝文案配图的关键，只有你所展示的图片是清晰的，购买者才能够从图片上接收到你想要传递给他们的信息，进而形成购买。如果图片不够清晰，那么购买者就很难做出明确的购买判断，进而造成客户的流失。

确保色彩搭配专业：淘宝配图并不是随便找一张图片就可以了事的，还需要将宝贝使用后的效果展示出来。因此，这就需要确保配图色彩和光线的搭配要绝对专业。这样，才能提升宝贝的价值，呈现出宝贝的绝佳效果。

找专业的模特和摄影师：如果你售卖的是服装类商品，那么一定要请专业的模特和摄影师来拍摄配图。这样，才能确保衣服的展示效果达到最佳，进而使购买者产生购买。

> **Tips** 千万不要小看淘宝配图的作用，在某些时候它的功能要比文案更加强大。因此，作为卖家千万不能随便拍几张照片上传就了事，一定要找专业的技术人员来进行拍摄。这样，才能使商品的效果达到最佳，进而使购买者形成购买。

13.2 宝贝文案都是越短越好吗

有很多店主都会有这样的想法:"既然购买者来逛店铺是在业余时间和碎片时间,那么我的文案就需要尽可能的简短。"其实,这么想是错误的。本节,就针对这一问题为你进行详细讲解。

13.2.1 宝贝文案越短越好吗

其实,并不是宝贝文案越短就越好。文案的长短,应该根据实际情况而定。比如说,有些宝贝既需要讲解生产技术,又需要讲解该如何拆卸安装,这样的文案显然就不可能太短。但是,如果你的商品是一双袜子和一颗颗的糖果,那么很显然你的文案也不可能太长。

总之,文案的长短是依据实际情况而定的,只要能够将所要讲述的内容全部讲述清楚就可以了。

13.2.2 撰写宝贝文案有什么秘诀吗

撰写文案其实就和写文章一样,什么风格、什么类型都有。因此,撰写宝贝文案并没有什么秘诀。重要的是,"你的文案能够直击人心,打动购买者"。这就需要文案撰写人员在平时的生活里注重观察和总结。当你的文案将购买者的痛点表现得淋漓尽致时,购买者自然就会被你的文案说服,进而促成购买了。

当然,如果想要提升文案撰写水平,在平时多加练习也是必不可少的。

> **Tips** 宝贝文案并不是越短越好,而是需要根据实际情况而定。只要你能够将想要展示的内容全部展示出来,那么无论多长都是非常正确的。事实上,撰写宝贝文案其实没有什么秘诀;作为文案的撰写者一定要在平时多加留意生活,同时勤加练习,这样就能够写出理想的文案了。

13.3 店铺主页文案长一些好还是短一些好

撰写店铺主页文案是每一个店主都必须经历的事情。但是却有很多店主比较疑惑:"店铺主页文案长一点好还是短一些好呢?"其实,问题的答案非常简单,下面就让我们针对这一问题进行详细讲解。

13.3.1 店铺主页文案该长一些还是短一些

如果想要搞清楚店铺主页文案长一些好还是短一些好,首先要搞清楚的就是店铺主页的功能是什么。没错,那就是全方位地展示店铺内容,让购买者知道店铺都售卖什么? 有什么活动? 因此,店铺主页文案的篇幅不宜过长,否则只能引起购买者的认知混乱。

13.3.2 在撰写店铺主页文案时该注意什么

在本节的前面我们非常清楚地了解到了,店铺主页的功能是"让购买者知道店铺都售卖什么,有什么活动",因此,店铺主页文案就需要着重展示:商品分类、爆款商品、活动、商品陈列四方面的内容。

同时,在撰写的时候应该注意以图片为主。这样,更加迎合购买者的浏览习惯,促进购买者的记忆,让购买者直观地了解到店铺及促销信息和商品的效果。

> **Tips** 因为店铺主页文案的功能是"全方位地向购买者展示店铺基本内容,让购买者更全面地了解店铺"。因此,店主主页的文案应该尽可能的简短,多增加一些图片。展示出"商品分类、爆款商品、活动、商品陈列"四方面的内容就可以了。

13.4 宝贝图上可以写一些文案吗

有很多店主都会有这样的问题:"宝贝图上是否需要写一些文案?"其实,这个问题也非常简单,下面就来为你进行详细解析。

13.4.1 宝贝图上是否可以写一些文案

如果想要搞清楚宝贝图上是否可以写一些文案,首先我们就要搞清为什么要在宝贝图上配文案?如果你仔细留意就会发现,在绝大多数的店铺当中宝贝图上是不会配任何文字的。但是,有些店铺为了突出商品的折扣活动,以及热销程度都会在宝贝图上标注"促、热销、推荐"等字样。

因此,如果你想要提醒购买者刻意关注某个商品,那么就有必要在宝贝图上配上文案。

13.4.2 在宝贝图上配文案时该注意哪些问题

要注意,在宝贝图上配文案并不需要长篇大论,而是仅仅写上一两个字起到提醒的作用就可以了。这样,就能够让购买者意识到该商品目前正在促销或者是爆款。如果购买者想要阅读关于商品的详细信息,则可以移步到宝贝的详情页,而非直接在宝贝图上进行浏览。

> **Tips** 如果你想要提醒购买者特别关注产品的促销活动,或者想要提醒购买者哪些商品是爆款,那么可以在宝贝图上添加一两个字提醒。切记,不可在宝贝图上写过多的文字,那样只能给购买者造成阅读障碍,进而放弃浏览。

13.5 当店铺商品出现负面评价时该如何通过文案挽回形象

在运营淘宝店铺的时候，有很多店主都会遇到这样的问题：商品出现了负面评价。这让很多人都非常挠头，他们不知道该如何操作才能起到挽回信誉的作用。因为如果让新购买者看到负面评价，势必会影响销售，那该怎么办呢？本节，就针对这一问题为你进行详细讲解。

13.5.1 当店铺商品出现负面评价时该怎么办

首先，你应该清楚地知道，"不管是什么店铺，无论是什么商品，只要进行了买卖，就会有负面评价"。那么作为卖家，我们首先需要做的就是"平心静气"，然后再想办法进行解决。在一般情况下，你可以进行如下的处理。

留言追问：当出现负面评价的时候，我们除了平心静气以外，还应该弄清楚到底问题是怎样产生的？这样，才能避免出现更多的负面评价。因此，最简单也是最直接的方式就是在负面评价下面进行留言回复，询问购买者所面临的问题是什么？进而找出问题的症结，并给予及时处理。

电话回访：当然，除了留言评价以外，更加快捷的方式就是电话回访。你可以直接给购买者打电话，在电话里针对他所面临的问题进行及时处理。这样，购买者的失落和愤怒情绪就会被控制，进而对店铺产生好感。

专人处理：很多时候在线客服和店主并没有时间来处理购买者的负面评价，那么这就需要店主指派专人来进行处理了。这样，同样能够使购买者感受到店主的诚意，进而补充留言或收回负面评价。

及时自查：当店铺出现负面评价时，并且你从客户那里了解完情况了，还需要做的就是及时开展自我检查。及时地发现店铺从生产、加工，到销售、物流等各个环节所存在的问题，找到问题的源点并予以解决，这样才能在最大限度上规避负面评论。

13.5.2　在处理负面评价时该注意的问题有哪些

处理妥当后请购买者留言反馈：当你处理了负面评价以后，一定要邀请购买者在负面留言下方继续留言，反馈下店主的态度以及店主处理问题的及时性。这样，其他购买者就会在留言的引导下对店铺产生好感了。

态度要亲和：既然购买者已经发布了差评，那么就证明购买者的态度一定是焦急和愤怒的。因此，作为卖家而言处理问题时态度一定要尽可能地保持亲和，要让购买者将所有情绪全部释放出来，这样购买者才能够得到良好的购物体验，进而感觉到不好意思，自行留言道歉或补充说明。

处理要及时：当店铺出现负面评价的时候，处理问题一定要及时。这样，才能够在第一时间将问题解决，进而使购买者的负面情绪得到缓和。

> **Tips**　当店铺出现负面评价的时候，千万要保持平心静气，然后通过留言追问、电话回访、专人处理等方式来进行解决。当然，在解决问题时一定要注意提醒购买者继续留言追评，这样才能使差评的副作用减到最少。

13.6　客服该注意的文案技巧有哪些

有很多店主都会产生疑问："客服需要文案技巧吗？"当然，答案是肯定的。客服需要具备一定的技巧，这样才能使购买者拥有良好的体验。那么客服又该注意哪些文案技巧呢？本节，就来针对这一问题进行详细探讨。

13.6.1 客服该注意哪些文案技巧

描述要简洁：要知道在线客服每天遇到的问题一般都是使用类的问题，这就需要在线客服用最简洁的语言来为购买者进行讲解。因此，这就需要客服具备较强的内容提炼能力。

要熟练掌握谦词和礼貌用语：只有购买者遇到了不懂的问题以及搞不定的问题，求助无门的时候才会来找在线客服。因此，面对比较焦虑和情绪暴躁的顾客，在线客服就应该熟练掌握谦词和安抚类词汇以及礼貌用语。这样，才能够起到平复购买者的心情、解决实际问题的作用。

文字润色技巧：要知道客服一定会面临物流缓慢、产品质量问题，以及问题自己无法解决的情况。那么，为了起到安抚购买者的作用，客服还应具备深厚的文字润色技巧。比如说，物流缓慢时可以回复"爆仓"，而非回复物流人员短缺、正在加派人手等这些实质性的公司现状。

13.6.2 在实操时该注意的问题有哪些

要设置好应急留言：要知道在咨询的高峰期，在线客服的压力也是巨大的。因此，这就需要客服设置好应急留言，这样就算是自己没时间回复，自动回复功能也会照顾到每一个顾客。

心态平和：作为在线客服一定要保持心态的平和，这样才能够避免冲突，为购买者解决实际问题。

时刻维护店铺形象：作为在线客服一定要时刻保持警惕，注意随时维护店铺形象，要注意润色自己的回复语，从而化解购买者焦急等待的心理。比如说，你的购买者发现产品有质量问题，而技术人员暂时不在岗位上。你不能回复"技术人员今天不上班，所以暂时解决不了"这样的话语，而是要回复："我已将问题反馈给技术部，我们将会在 24 小时内为你解决。"

> **Tips** 因为在线客服工作的特殊性，因此他们也需要掌握一些文案技巧。要具备较强的内容提炼能力，以及掌握谦词和礼貌用语。这样，才能起到平复购买者的情绪、及时处理购买者所遇到问题的作用。

13.7 该如何使文案卖点更清晰

有很多卖家在撰写文案的时候都会遇到这样的问题："我的宝贝卖点很多，一股脑儿写出来总有种凌乱的感觉。"但是不写，又害怕购买者无法全面地了解商品。一时间，很多卖家都不知道该如何对文案进行优化。那么本节，就和你详细地探讨这个问题。

13.7.1 使文案卖点更清晰的方法有哪些

只围绕一个核心卖点进行撰写：如果你所售卖的商品很多卖点众人皆知，那么这个时候你只需要围绕自身企业不可复制的一个核心卖点来进行撰稿就可以了。比如，你售卖的是手机这款商品。很显然，很多手机都具备64GB内存、高清摄像头、4GB运行内存等一系列的优势。那么，你就可以突出展示本手机主要深耕未来科技，具备"语音操作、可远程定位、远程锁定手机、与智能家居联网、在线预约启动家电"等优势。

将特殊优势和普通卖点进行分类：如果你就是想要全部展示商品的所有卖点，那么也可以将特殊优势和普通卖点进行分类整理，汇总成一个表格。这样，购买者就可以一目了然地了解商品的所有优势和功能，并根据自身需求进行着重浏览了。

设立小标题：如果你想要为购买者进行引导，告知购买者本商品在功能、储藏、耗电等不同方面的优势，还可以设立不同的小标题。这样，同样可以起到引导作用，使购买者清晰地记住商品在不同方面的优势。

13.7.2 在使文案卖点更清晰时该注意哪些问题

言简意赅：在撰写商品卖点的时候，一定要注意言简意赅；要用尽量短的文案，全面清晰地讲述商品的优势。这样，购买者才能够在阅读以后记住商品。如果文案写得非常长，购买者就会失去阅读的兴趣，进而放弃浏览。

色差突出：如果你的文案实在太长，又不想缩减内容。那么不妨采用色差突出的方式，将想要突出的重点内容进行变色处理。这样，购买者就可以有针对性地进行选择性阅读，进而记住商品的核心优势了。

核心优势最好具备不可复制性：众所周知，只有不可复制的核心优势，购买者才能不假思索地选择你的商品。因此，作为卖家最好写一些不可复制的核心优势。这样，才能使你的商品竞争力更加突出，进而吸引更多的购买者进行购买。

> **Tips** 如果你想要使文案卖点更加清晰，那么不妨尝试下列三种方法：1. 只围绕一个核心卖点进行撰写；2. 将特殊优势和普通卖点进行分类；3. 设立小标题。这样，购买者就可以在引导下记住店铺的核心优势了。当然，在撰写文案的时候一定要注意言简意赅、色差突出，同时注意核心优势最好具备不可复制性。这样，才能确保商品确实具有竞争力。

后记

从成立店铺到装修店铺，再到成为成功店主，这需要经过长期的历练和沉淀才能实现。本书只是从淘宝文案这一方面，来为你进行详细解析。如果想要引爆店铺，在具体实操时还应掌握更多的运营知识。因此，作为新手店主切不可操之过急。

特别要提醒的是，如果你想要让自己的文案深入人心，那么一定要在平时多多观察日常生活中的细节，总结出大众生活的盲区和痛点，这样你的文案才能更具代入感，引发购买者的共鸣感，进而形成购买。

本书仅从常见错误文案类型、店铺名称拟定、文案撰写思路，以及不同行业文案的侧重点等方面进行讲述。但是并不代表淘宝文案的撰写方法和需要注意的问题只有这些，还需要店主和文案撰写者在实操时多加总结和留意。

最后，本书所讲述的文案撰写规律，只是笔者根据多年实操经验的思考与总结的结果，并不代表其他的撰写思路和方法就是错误的。遇到具体问题还应在实际的操作当中及时调整，切不可生搬硬套。